日本文化発信力育成の教育

—首都東京の小学校の挑戦—

永添祥多 著

風間書房

はじめに

　近年、我が国を訪れる外国人観光客の数が急増しているという。この傾向は、2020（平成 32）年の東京オリンピック・パラリンピック開催を控え、さらに強まっていくであろう。今、世界の中で、我が国や我が国の伝統・文化に対して興味・関心を抱く人々が増えてきているのである。

　このため、国・地方自治体や企業レベルにとどまらず、個人レベルでの国際交流の場も増えることになり、我が国の伝統や文化を外国人に紹介しなければならない機会も増えてくるであろう。自国や自国の伝統・文化を外国人に対して正確に説明することが求められてきているのである。

　ところが、我々は、我が国の伝統や文化を十分に理解できているであろうか。果たして、外国人に説明できるだけの知識を持っているであろうか。このことについて、的確な指摘をしている外国人識者が少なからず存在する。

　例えば、「ニューヨーク・タイムズ」東京支局長を勤めるなど、長い在日経験を持つH・S・ストークス氏は「来日して 50 年になる私がつくづく思うのは、いかに日本が、日本以外の諸外国から、理解されていないかということである（中略）外国人はおろか、日本人でさえ、自分たちの文化のこうした価値を自覚していない。そればかりか、自分たちの長所であるところを短所であるかのように勘違いし、なかには、それを自ら笑いものにして、得意になっている人たちさえいる」（ヘンリー・S・ストークス著、加瀬英明訳『英国人記者が見た世界に比類なき日本文化』祥伝社、2016）と述べて、核心を突いた指摘をしている。

　続々と来日する外国人観光客を始め、日本に興味・関心を抱いている諸外国の人々が求めているのは、自国や自国の文化を堂々と世界に向かって発信できる日本人の存在なのである。

　本書の題名とも係わって、ここでいう発信とは、我が国の伝統や文化を世

界の諸国・諸地域に居住する人々や在日外国人、外国人観光客、外国人留学生などに対して、正確に紹介することを意味している。

　だが、現状では、このような発信能力を有する日本人は決して多くはない。この原因として、ストークス氏は「きっと、学校教育の場で、日本が世界の中で比類のない、すばらしい文化をもった国だと教えることがなくなったのも、大きな理由なのだろう」（前掲書）と述べて、学校教育に最大の問題があるとし、さらに、「日本国民の多くが日本の歴史や、独自の文化を尊ぼうとしなくなって、漂流する無国籍の民のようになってしまっている。なぜなのか、このところ日本では『国際化』という言葉が、あたかも魔術的な呪文か、至上の価値でもあるかのように、明らかに過剰な用いられ方をしている。もちろん、排外的になって、ナショナリズムが強調されすぎることがあってはならない。日本を外の世界から、孤立させてはなるまい。しかし、『国際化』が日本的なるものを否定して、これを希薄にするものであったなら、日本という国から力を失わせ、時間とともに滅ぼすことになってしまおう」（前掲書）として、国際化と我が国の伝統や文化との関係について、鋭い指摘をしている。

　一方、日本人商社マンとして長い海外在住経験を持つ布施克彦氏は、「世の中どこを見ても、『グローバル化』という言葉があふれている。グローバル化の広がりに対して、日本もそれに対応する人材を育成すべきといった声が、政界、財界、教育界などそこかしこからわき上がっている。『英語力を磨け』『自己主張力を磨け』『アイデンティティを磨け』『異文化理解力を磨け』などなど。どこから聞こえてくる声も、内容は似たり寄ったりだ。果たして日本人は、そのようにいろいろなことを磨く必要があるのだろうか（中略）成熟した先進国に到達するまでの過程で、いくつもの日本独自の要素が培われてきた。それらの日本流をグローバル化の名のもとに捨てて、これからも外国流ばかりを取り入れ続けてゆくことはないのではないか。むしろそれらの日本流を、より良きグローバル化のために、外部に発信した方がよいとさえ思う」（布施克彦、大賀敬子著『世界が見た日本人　もっと自信を持っていい理由』日本

経済新聞社、2014）と述べて、グローバル社会の中の日本人の在り方について指摘している。

　両者の見解に共通するのは、まず、我々日本人が自国の伝統や文化を十分に理解したうえで、それを世界に向かって積極的に発信していくことが、国際化やグローバル化に繋がっていくということである。

　そこで、本書では、我が国の学校教育、特に、国際理解教育の中で最も立ち遅れている、日本文化発信力の育成について、先駆的実践を行っている東京都渋谷区立神宮前小学校を事例として検討する。そのことによって、グローバル社会を生き抜いていくために必要な、日本文化発信力育成の教育とはどのようなものであるかを明らかにすることが本書の目的である。

　本書を著すにあたって、多くの方々にお世話になった。

　まず、数次に及ぶ学校訪問調査に快く応じていただいた、川島信雄神宮前小学校前校長に厚く御礼を申し上げたい。それとともに、神宮前国際交流学級のウル＝ケナン校長にも、授業見学や資料提供などで大変お世話になり、御礼申し上げたい。

　また、出版事情の厳しき折、本書の出版を快諾いただいた、風間書房の風間敬子社長にも感謝したい。

　さらに、資料整理などを手伝ってくれた、近畿大学大学院産業理工学研究科博士前期課程の後藤泰輔君や福岡県立嘉穂総合高等学校の知花翔太先生（近畿大学卒業生）にも御礼申し上げたい。

　最後に、恩師である、九州大学の八尾坂修教授が本年３月末を以て定年退官された。先生には本当にお世話になり、この場を借りてその御厚情に深く感謝申し上げたい。今後も、先生を学究面ばかりでなく、人格面でも最良の師表として仰いでいきたいと思っている。ささやかではあるが、本書を先生に捧げたい。

　　2016（平成28）年４月　　　　　　　　　近畿大学教授　　永添祥多

目　次

第5章　神宮前小学校における日本文化発信力育成の成果と
　　　　意義……181

第 1 章
我が国の国際理解教育と日本文化発信力の育成

第1節　我が国の国際理解教育の特質

1、我が国の国際理解教育の現状と日本文化

　日本文化（我が国の伝統や文化）の発信という観点から見た時、我が国の国際理解教育学界の現状は大きな問題点を抱えていると著者は考える。それは国際理解の中に、日本（自国）理解という概念が極めて希薄ということである。

　例えば、国際理解教育の定義を取り上げて見ても、その問題点が浮かび上がってくる。

　大津和子氏は、国際理解教育を「国際化・グローバル化した現代世界／社会の中で生きていくために必要な資質や能力を育成する教育である」[1] と定義づけたうえで、「『自国文化』というように、文化と国家を単純に結びつけることを避け、一国の中に多様な文化が存在することにも目を向けたい（中略）自文化と他文化を単純に二項対立的に固定的にとらえるだけでは、文化理解を深めることは難しい」[2] と述べている。

　「国際」という言葉の意味するところは、一般的には「一国内の範囲にとどまらず、諸国家・諸国民に関連すること。世界的であること」[3] とされている。大津氏が指摘するように、文化と国家（ネイション）を単純に結びつけることは短絡的発想ではあるが、文化を捉える尺度の一つとして、民族だけでなく国家が存在することは否定できない事実である。一般的に、日本文化、中国文化、アメリカ文化、フランス文化などと通称することがこれに該当するであろう。

　一方、藤原孝章氏は、国際理解教育を定義づけるための四つの視点の一つ

としてナショナルな視点ということをあげ、「国家や民族間の文化や社会についての相互理解（他国理解・自国理解）のための教育であり、自国の社会や文化の継承を目的とする教育活動である」4) と述べており、ナショナルな視点から文化を捉えることは否定していない。

　確かに、自国文化としての日本文化は、原始・古代以来の我が国の歴史の中で、外来文化の影響を受けながら、この国土の中で独自の発展を遂げてきたのであり、我が国の伝統や文化とはいっても、その中には外来文化の要素が色濃く残存しているものも少なからず存在しており、日本民族の文化＝日本文化でないことにも留意しなければならない。

　大津氏はさらに、国際理解教育が目指す人間像として、「人権の尊重を基盤として、現代世界の基本的特質である文化的多様性及び相互依存性への認識を深めるとともに、異なる文化に対する寛容な態度と、地域・国家・地球社会の一員としての自覚をもって、地球的課題の解決に向けてさまざまなレベルで社会に参加し、他者と協力しようとする意志を有する人間である。同時に情報化社会のなかで的確な判断をし、異なる文化をもつ他者とコミュニケーションを行う技能を有する人間」5) ということをあげている。

　ここでは、全世界的（地球的）視野に立って生きていくための資質や能力を育成するための教育を、国際理解教育として捉えていることが分かる。そのうえで、地域・国家・地球社会の一員としての自覚を有しながら、地球的課題の解決に取り組むことのできる人材の育成を目指さなければならないとしているが、「国家」の中に日本は含まれていないのであろうか。日本という「国家」の一員としての自覚を持つためには、当然、日本文化に対する深い理解が求められてくる。大津氏が指摘するように、「自国文化」という概念を、文化と国家を単純に結びつけた短絡的概念とするならば、日本という「国家」の一員としての自覚はどのようにして育成されるのだろうか。

　地球社会の一員であることの前提として、地域・国家の一員としての自覚を育成することが国際理解教育の目的の一つであるならば、「無国籍人間」を

育成するものであっては決してならない。当然、日本国民という自覚に立脚した「国際人」という視点が欠かせないのである。

　また、国際理解教育を事実上の異文化理解教育と捉える見解も存在している。

　魚住忠久氏は、国際理解教育を「主権国家の集合体としての国際社会を前提に他国理解や異文化理解、国際関係理解の学習を通じて諸国民、諸国家間の平和、友好、協力の実現をめざす教育である」[6] と定義づけている。

　ここでは、自国理解・自国文化理解といった概念は全く含まれておらず、端的にいえば、我が国以外の諸国家及びそれらの文化の理解を目的とするのが国際理解教育ということになる。

　現在の我が国の国際理解教育学界を代表する大津・魚住両氏の定義から分かるように、彼らの関心や対象は専ら自国や自国文化以外に向けられている。そして、このような見解が、我が国の国際理解教育学界の方向性の主流をなしているのである。

　だが、このような国際理解教育で、果たして世界の中の日本という視点が本当に養われるのであろうか。

　国際理解教育学界の全体的動向を見ると、自国理解や自国文化理解に対して全く無関心であるか、冷淡であるため、日本文化は世界の諸民族の文化の中に埋没させられてしまっている。世界の多様な文化を理解するためには、われわれが拠るべき「座標軸」として、日本文化の十分な理解が前提とされるべきなのである。

　それにもかかわらず、我が国の国際理解教育学界には、この視点が希薄であることが最大の問題点と考える。

　したがって、現状の国際理解教育では、日本文化の発信力の育成など到底困難であり、期待する方が無駄ということになる。

　確かに、自国・自国文化理解と外国・外国文化理解といった、単純な二元論的国際理解教育ではなく、文化的多元主義の視点から捉えることは当然で

あり、必要不可欠である。だが、これまであげてきたような研究者の見解では、自国・自国文化理解の視点が欠如しているのである。

2、我が国の国際理解教育の歩みと伝統や文化の扱い

我が国の国際理解教育は、サンフランシスコ講和条約調印による独立直前の 1951 年（昭和 26）年 7 月にユネスコに加盟したことに始まる。これは国内のユネスコ運動の活発化など、国際社会への復帰を願望する機運を受けたものであった。これ以降、我が国の国際理解教育は、ユネスコが提唱する国際理解教育の強い影響下に歩んでいくことになる。

国際理解教育自体は、ユネスコ憲章（「国際連合教育科学文化機関憲章」1945 年 11 月）の前文にある「相互の風習と生活を知らないことは、人類の歴史を通じて世界の諸人民の間に疑惑と不信をおこした共通の原因であり、この疑惑の不信のために、諸人民の不一致があまりにもしばしば戦争となった」との認識に基づき、「Education for International Understanding」（国際理解のための教育）という名称で、1947 年（昭和 22）年に誕生したとされる[7]。

その後、我が国の国際理解教育はユネスコの強い影響下に多様化の途を歩んでいくことになる。1950 年代には、国際理解や国際協力に係わる様々な理論や実践がユネスコによって紹介され、我が国の国際理解教育の萌芽期とされる。

1980 年代を迎えると、我が国の国際理解教育の潮流は三つに分かれ、第一にユネスコの国際理解教育、第二に開発教育・環境教育などの「新しい」国際理解教育、第三に海外・帰国子女教育などの「国際化に対応した教育」が混在する状況に至ったとされる[8]。

さらに、1990 年代以降は、ユネスコの国際理解教育、開発教育、環境教育、海外・帰国子女教育などを統合・整理した「グローバル教育」が提唱され始めた[9]。

　秦莉氏は、国（文部省）が示した国際理解教育の指針・方向性や原理について、その歴史を 5 期に区分し、その推移の中で我が国の伝統や文化との関係を明らかにしている [10]。

　その 5 期とは、第 1 期（1945 年〜 1959 年、占領期及びユネスコ加盟初期）、第 2 期（1960 年〜 1973 年、高度経済成長期）、第 3 期（1974 年〜 1979 年、1974 年 5 月の中央教育審議会答申で「国際化」に対応する教育の推進が重要課題として認識されてくる時期）、第 4 期（1980 年代、「新しい国際化」として、国際社会の一員としての責任を果たしていくことのできる人材養成が強調された時期）、第 5 期（1990 年代以降、グローバル社会の到来によって我が国の伝統文化理解教育が強調される時代) である。

　秦氏によれば、国際理解教育の文脈の中で我が国の伝統や文化の尊重が主張され始めるのが、第 2 期（1960 年〜 1973 年）であったとしている。我が国は 1960 年代後半から高度経済成長期を迎えるが、この経済状況が国際理解教育に大きな影響を与えることになる。企業の海外進出によって国際経済競争に勝ち抜き、経済大国としての国際的役割を果たすために、国際理解教育が重視されるようになったのである。

　このような情勢を受け、1966（昭和 41）年 10 月の「後期中等教育の拡充整備について」（中央教育審議会答申）の「別記　期待される人間像」が出され、我が国の歴史と伝統によって培われた国民性の育成に裏づけられた「世界に開かれた日本人」の理想像が構築され、期待されるに至った [11]。

　この時期、世界に向けた経済進出の中で、日本人が国際競争を勝ち抜くための精神的拠りどころや日本人としての自覚を養うものとして、我が国の伝統や文化の教育が求められるようになったのである。

　そして、これ以降、文部省は国際理解教育の中で、諸外国やそれらの文化と我が国の伝統や文化の理解を表裏一体のものとして位置づけていくようになるのである。

　第 3 期（1974 年〜 1979 年）の初年にあたる 1974（昭和 49）年 11 月、「国際

理解、国際協力及び国際平和のための教育並びに人権及び基本的自由についての教育に関する勧告」と題する勧告をユネスコが全加盟国に発すると、日本国内では賛否両論が起こった。結局、この勧告は我が国の国際理解教育にそのまま採用されるには至らなかった。

　一方、同じ1974年5月に出された「教育・学術・文化における国際交流について」（中央教育審議会答申）の「第2　教育・学術・文化における国際交流振興のための重点施策」では、「我が国が、国際社会の一員として、積極的にその義務と責任を果たすためには、国民一人一人が日本及び諸外国の文化・伝統について深い理解を持ち、国際社会において信頼と尊敬を受ける能力と態度を身につけた日本人として育成されることが基本的な課題である」と述べている。

　ここでは、当時の我が国の国際理解教育が進もうとしていた視点が端的に述べられている。即ち、国際社会の中の日本人を育成するため、「日本及び諸外国の文化・伝統について深い理解」が必要とされたのである。

　このような国際理解教育を、秦氏は「日本型国際理解教育」[12]と呼称しているが、我が国と諸外国の伝統や文化の理解を、いわばセットとして捉える国際理解の傾向は第2期から強まっていく。

　そして、このような「日本型国際理解教育」は、文部省によって国際理解教育の「正統」とされていくのであった。

　秦氏が「日本がそれまで進めてきたユネスコの国際理解教育からの離脱を意味する」[13]と捉える1974年の中央教育審議会答申では、「国際社会に生きる日本人の育成」という視点、即ち、世界の中の日本人としてのアイデンティティということが強調されている。我が国の国際理解教育がユネスコ勧告をそのまま採用せず、「日本型」を推進していった最大の理由は、このような視点の方を重視したためであると考えられる。そして、「日本型国際理解教育」では、他国や他国文化の理解とならんで、自国や自国文化の理解も求められてくるのであった。

　第 4 期（1980 年代）の我が国の国際理解教育も、引き続き日本文化の理解を重視していた。

　日本ユネスコ国内委員会編『国際理解教育の手引き』（東京法令出版、1982）は、前出の 1974 年のユネスコ勧告に対して、日本ユネスコ国内委員会がその国際理解教育の方針を示したものである。ここでは、特に「自国認識と国民的自覚の涵養」が強調されており、この目標は 1974 年のユネスコ勧告にはなく、日本ユネスコ国内委員会が加えたものであり、我が国独自の国際理解教育の目標と捉えられている [14]。

　また、1987（昭和 62）年 8 月の臨時教育審議会第 4 次答申「個性尊重、生涯学習、変化への対応」では、「世界の中の日本人の育成」という視点から、国際理解教育の方向性を示している [15]。

　このように、1980 年代の国際理解教育では、国際化が進行する中で、日本人としてのアイデンティティの育成が目標とされたのであった。このため、我が国の伝統や文化の教育が重視されることになっていく。

　第 5 期（1990 年代以降）の我が国の国際理解教育は、1980 年代と同様、「世界の中の日本人の育成」を基調とした。

　まず、1996（平成 8）年 7 月の中央教育審議会答申（第 1 次答申）の「21 世紀を展望した我が国の教育の在り方について」では、「日本人としての自覚とともに国際的視野からの国際理解、異文化理解」が強調された [16]。このため、「広い視野を持ち、異文化を理解し、これを尊重する態度や異なる文化を持った人々と共に生きていく態度などを育成するためには、子供たちに我が国の歴史や伝統文化などについての理解を深めさせることが極めて重要なことになる」と述べ、自らの「座標軸」を持った国際理解教育のためには、我が国の歴史や伝統文化の理解が重要であると指摘している。

　また、2000（平成 12）年 12 月に発表された「教育改革国民会議報告―教育を変える 17 の提案―」では、「グローバル化の進展の中で日本人としてのアイデンティティーを持って人類に貢献することができる人間を育成するとい

う観点」が強調されている[17]。ここでも、前出の中央教育審議会答申と同様、グローバル化の中での日本人のアイデンティティということが重視されている。

　これまで、文部省などの教育行政側が示した方針や方向性を中心とした国際理解教育の推移を見てきたが、最大の特徴点は、我が国の伝統や文化の理解と諸外国やそれらの文化の理解とが表裏一体のものとして捉えられているということである。

　このような国際理解教育の特色について、佐藤郡衛氏は「国民国家という枠組みのもとで『ナショナルアイデンティティ』の形成をめざした『ナショナリズムとしての国際理解教育』」[18]、「国民国家という枠組みが強調され、『国際的な日本人』『国際社会で活躍する日本人』の育成を目標にして、かつ『ナショナルアイデンティティ』の形成を基本原理とするものであった」[19]と指摘している。

3、グローバル教育と我が国の伝統や文化

　1970年代のアメリカ合衆国で始まり、1980年代に我が国に紹介されたグローバル教育は、1990年代に入ると、国際理解や国際協調に関する教育の中の一角を占め注目されるようになった。

　このグローバル教育とは、ボーダレス化した世界情勢の下で、環境破壊などの地球的・世界的諸課題に対して、全人類がその叡智を絞って解決するための資質・能力を育成するための教育のことである。

　文部科学省はグローバル化について、「『グローバル化』とは、情報通信技術の進展、交通手段の発達による移動の容易化、市場の国際的な開放等により、人、物材、情報の国際的移動が活発化して、様々な分野で『国境』の意義があいまいになるとともに、各国が相互に依存し、他国や国際社会の動向を無視できなくなっている現象ととらえることができる。特に、『知』はもと

もと容易に国境を越えるものであることから、グローバル化は教育と密接な関わりをもつ。さらに『国際化』はグローバル化に対応していく過程ととらえることができる。教育分野では、諸外国との教育交流、外国人材の受入れ、グローバル化に対応できる人材の養成などの形で、国際化が進展している」20) と述べている。

　ここでは、グローバル化と教育が密接に係わっていること、即ち、グローバル教育の重要性や、国際化はグローバル化へと進展していく過程であること、さらに、グローバル教育について、諸外国との教育交流や外国人材の受け入れ、グローバル化に対応できる人材の養成などといった具体的内容が示されている。特に、この文部科学省の見解で重要なのが、「人、モノ、カネ」といったグローバル化とならんで、教育のグローバル化（グローバル教育）を重視していることであり、その具体的事例を公的に示していることである。

　グローバル教育自体の定義を見ると、例えば、藤原孝章氏は「グローバル教育とは、人やモノ、カネ、情報が国境を越えて広がる世界及び社会（グローバリゼーション）とそれらが引き起こす地球的な諸問題について、教育はどう対応すべきか、どんな資質や価値観を育てていけばよいのかといった問題意識をもった教育である」21) としている。

　グローバル化ということが注目され始めることによって、従来の国際化とどのように異なるのかが問われるようになった。

　一般的に、国際化とグローバル化とを同義に捉える傾向があるが、両者は異なる概念を有するものである。

　国際化とは、日本とアメリカ合衆国との関係やヨーロッパ諸国間の関係といったように、国ごとの違いを前提として、全世界的課題や国家間の関係について考察・行動していくことである。

　一方、グローバル化という概念では、各国家の集合体としての国際社会や国家間・民族間の関係という意識が非常に希薄である。それよりも、地球（世界）を一つの塊として捉え、地球全体に係わる諸課題を克服していこうと

いうのがグローバル化の目指すところなのである。

　グローバル化の語源となった globe が地球のことを意味することからも、このような視点が分かる。したがって、全世界を国境のない一つの共通の土俵と捉え、世界共通の価値観やルールを構築することが求められてくる。

　このため、当然、国際理解教育とグローバル教育とでは、その視点・目標・方法などが異なってくるが、現状では、国際理解教育とグローバル教育とを同一視、あるいは、国際理解教育の一部としてグローバル教育を捉える傾向が強い。

　グローバル教育の具体的内容について、文部科学省は公式見解を示していないが、安倍晋三首相の私的諮問機関である教育再生実行会議による「これからの大学教育等の在り方について（第3次提言）」（2013年5月）では、「1. グローバル化に対応した教育環境づくりを進める」として、大学を中心としたグローバル教育の事例を示している。

　ここでは「①徹底した国際化を断行し、世界に伍して競う大学の教育環境をつくる」、「②意欲と能力のある全ての学生の留学実現に向け、日本人留学生を12万人に倍増し、外国人留学生を30万人に増やす」、「③初等中等教育段階からグローバル化に対応した教育を充実する」、「④日本人としてのアイデンティティを高め、日本文化を世界に発信する」という4点が具体的に示されている。

　①は世界水準の研究を行うことのできる大学の育成について、②は日本人留学生や外国人留学生の増加戦略について、③は小・中学校及び高等学校の英語教育を中心としたグローバル教育について、各々指摘している。

　一方、④はグローバル教育の一環として、日本人としてのアイデンティティを高めることや日本文化の世界への発信の重要性について指摘したものである。

　ここでは、さらに、グローバル教育の具体的方策として、「日本人としてのアイデンティティを高め、日本文化を世界へ発信するという意識をもってグ

ローバル化に対応するため、初等中等教育及び高等教育を通じて、国語教育や我が国の伝統・文化についての理解を深める取組を充実する。国は海外の大学に戦略的に働きかけるなどして、海外における日本語学習や日本文化理解の積極的な促進を図る。また、日本文化について指導・紹介できる人材の育成や指導プログラムの開発等の取組を促進する」ということを掲げている。グローバル化への対応策として、初等・中等教育段階（小・中学校及び高等学校）から我が国の伝統や文化の理解を深めることと、日本文化を世界へ発信することがあげられている点は非常に重要である。

　即ち、一見、無関係のように思える、日本文化理解や日本文化の海外への発信が、グローバル教育の具体的方策とされているからである。

　このようなグローバル教育が目指すのが「グローバル人材」であるが、では、どのような資質・能力を持つ人間なのであろうか。

　文部科学省が設置した、産学連携によるグローバル人材育成推進会議の「産学官によるグローバル人材育成のための戦略」（2011 年 4 月）によれば、次のように定義づけされている。「産学官によるグローバル人材育成のための戦略」の「1. 現状と課題」の個所で、「グローバル人材とは、世界的な競争と共生が進む現代社会において、日本人としてのアイデンティティを持ちながら、広い視野に立って培われる教養と専門性、異なる言語、文化、価値を乗り越えて関係を構築するためのコミュニケーション能力と協調性、新しい価値を創造する能力、次世代までも視野に入れた社会貢献の意識などを持った人間」とされている。ここでは、グローバル化に対応できる教養や専門性、全世界の人々との関係構築のためのコミュニケーション能力や（外国語の学力）協調性、新しい価値の創造力、社会貢献の意識などの大前提として、「日本人としてのアイデンティティ」を有する人間が「グローバル人材」とされているのである。

　また、内閣府が設置した「グローバル人材育成推進会議」が発表した「グローバル人材育成戦略（グローバル人材育成推進会議　審議のまとめ）」（2012 年 6

月）では、「2. グローバル人材の育成及び活用について」の「(1)『グローバル人材』とは」の個所で、「グローバル人材」の概念として三つの要素を兼備した人間であるとしている。まず、「要素 I」として「語学力・コミュニケーション能力」、「要素 II」として「主体性・積極性、チャレンジ精神、協調性・柔軟性、責任感・使命感」、「要素 III」として「異文化に対する理解と日本人としてのアイデンティティー」をあげている。ここでも、「グローバル人材」に不可欠な資質として「日本人としてのアイデンティティー」をあげているのである。

　これらの「グローバル人材」の定義づけから、「グローバル人材」とは、人種・民族・宗教・出身国などの政治的・文化的背景が異なる人々に対して、相手と自分との相違点を理解して受容しながらも、自分自身の「座標軸」を見失わずに、協働して任務を成し遂げることのできる人間のことであると考えられる。そしてこの「座標軸」に該当するのが各人のアイデンティティであり、我々の場合は「日本人としてのアイデンティティ」ということになる。

　特に、様々な人々が存在する世界の中で、相手と自分との相違点を受容する能力、即ち、異文化理解能力として、次の 3 点が重要であると考える。

　第一に、世界共通語としての英語力であり、英語でコミュニケーションができる能力である。

　第二に、コミュニケーションの手法であり、概念的でロジカルな内容ではなく、具体的で各論的なコミュニケーションの内容が求められているのである。

　第三に、「座標軸」としての日本人のアイデンティティを見失わないということである。我が国の伝統や文化・歴史、日本人独特の生活習慣や思考形式などを十分に理解し、異文化を背景とする人々に対して明確に説明できる能力が必要である。この、能力を支えるものが日本人としてのアイデンティティなのである。

　産業界からも、例えば、安渕聖司氏（GE キャピタル社長兼 CEO）は、「『グロ

ーバル人』という人は世の中には存在しない。なぜなら、『グローバル』とい
うのは、あくまでそれぞれの国や地域や町の『ローカル』があって、その対
立概念として成立しているからだ。一つの町・地域で生まれ、そこの文化や
伝統に育まれ、そこで生活している人たちは、間違いなく『ローカル』な存
在である。世界はそもそも、あまりつながりのない、多数の『ローカル』で
構成されていたのだが、交通や通信が発達し、交易が盛んになり、経済が発
展し、産業が拡大してくると、『ローカル』と『ローカル』がつながり、異な
った文化や伝統や習慣を持った人々が交流し、自分たちとは違う存在を受け
入れて、共に協力し、より大きなスケールの、より良い社会をつくり始める。
このように、複数の『ローカル』が、それぞれの特性はそのまま残しながら、
つながり合うことが、『グローバル化』の本質だと私は考えている。決して、
全てが同じになることではない。この本質を踏まえると、『グローバル人材』
にとって最も重要なのは、『ローカルとしての自分が誰かを、しっかりと持っ
ていること（違いを失わないこと）』、そして、その裏返しとして『自分とは異
なる、多様な人々を受け入れて、積極的に協働できること』である。順に説
明しよう。『ローカルとしての自分が誰かを、しっかりと持っていること』と
いうのは、難しく言えば『自己のアイデンティティーの確立』ということに
なり、例えば日本人として、自分の生き方、信念、人生の優先順位（何が自
分にとって大切か）を明確に持ち、自分の生まれ育った地方や国の歴史や伝統
や文化を大切に受け継いで、誇りを持って他の人にそれを説明できる存在で
あることを指している。グローバルになるためには、まず日本のこと、自分
の町のことをよく知る必要があるのだ」（下線は著者）[22] と述べ、「グローバ
ル人」を育てるために、まず、学校教育の場で我が国の伝統や文化をきちん
と身につけさせる必要があるとしている。

　これまで述べてきたように、グローバル教育にとって、我が国の伝統や文
化に関する教育、即ち、日本文化理解教育は重要な構成要素であるといえよ
う。「幼稚園、小学校、中学校、高等学校及び特別支援学校の学習指導要領等

の改善について」（中央教育審議会答申、2008 年 1 月）では、「2. 現行学習指導要
領の理念」の個所で「グローバル化の中で、自分とは異なる文化や歴史に立
脚する人々と共存していくためには、自らの国や地域の伝統や文化について
の理解を深め、尊重する態度を身に付けることが重要になっている」と述べ、
また、「7. 教育内容に関する主な改善事項」の個所では「世界に貢献するもの
として自らの国や郷土の伝統や文化についての理解を深め、尊重する態度を
身に付けてこそ、グローバル化社会の中で、自分とは異なる文化や歴史に敬
意を払い、これらに立脚する人々と共存することができる」と述べているこ
ともこのことを具体的に示している。ここでは、全世界の人々との共生のた
めにも我が国の伝統や文化の教育が必要であるとしているのである。

　1990 年代以降、国際理解教育の中で注目を集めるようになったグローバル
教育では、環境破壊などの全世界的課題に全人類が叡智を絞って対処してい
く資質・能力の育成を目指しているが、現実問題として、世界の諸国家・諸
民族各々の特殊事情や文化的背景、政治的・経済的・宗教的背景などの「ロ
ーカル」な情勢も無視はできない。現在、世界各地で宗教対立や民族対立な
どに由来する紛争が絶え間なく発生している情勢は、このことを端的に物語
っている。

　つまり、自分たちの国家に対する帰属意識や国民としての自覚が不十分な
状況で、「地球（世界）市民」としての意識の涵養は困難であるといえよう。

　堀尾輝久氏は、国民国家を越えて一挙に「地球市民」を想定することは困
難であり、現状では国民国家という枠の中で、「地球市民」としての資質の育
成を図るべきだという現実的見解を示している [23]。

　堀尾氏の見解は、グローバル教育と我が国の伝統や文化との関係を考える
うえで大変示唆に富む。日本文化理解教育によって育成される資質・能力の
中には、「地球市民」としての資質・能力と相通じるものが多いのである。例
えば、民族同士や国家間で友好関係を構築するために必要なのが、礼儀・相
手に対する思いやり・おもてなしの心であり、全世界の諸国家や諸民族が共

生していくために必要なのが、助け合いの心や互いに高め合う喜びであり、環境問題を考える基盤としては、物を大切にする心があげられる。

　「宇宙船地球号」などというのは、理想的理念の話であり、世界の情勢に根ざした現実的なグローバル教育を行っていくためには、世界の諸国家や諸民族が各々自らの伝統や文化を十分に理解し、尊重することが大前提なのであり、我が国の場合、そのために日本文化理解教育が必要なのである。ただし、石井由理氏が指摘するように、自らの伝統や文化の尊重とならんで、「異文化理解、他者の人権としての文化の尊重、世界全体の文化の創造」[24] ということも忘れてはならない。

　さらに、石井氏は、グローバル社会の中での日本文化理解教育の内実について、「かつてのように国民アイデンティティー強化のみを目的とした教育ではなく、グローバル社会の構成員としてのアイデンティティーをもって、自分に与えられた役割を担うための教育に変容しつつある」[25] と述べ、グローバル社会の構成員としての日本人に与えられた役割を認識させるという、新たな目標が付与されたとしている。

　そのうえで、日本文化理解教育の新たな責務として、「グローバル社会が一体感のあるシステムとして機能し、発展していくために、構成員間の平等を保ちつつ、共通のグローバル文化を創造していくことであり、もう一つは、現システムが行き詰った時に、それに代わる文明・価値観を提供できるように、独自の伝統と文化を維持し続けることである」[26] という2点をあげている。ここでは、グローバル社会の構成員としての日本人が、他の諸国民・諸民族と「平等」を保持することと、新しい文明や価値観を日本から提供できるように準備しておくことが、グローバル社会の中での日本文化理解教育の責務であると指摘しているのである。

　このように、グローバル化と我が国の伝統や文化とは決して相対立するものではなく、グローバル社会の到来によって、新たな意義を有することになったと考えるべきである。

第2節　日本文化理解教育と国際理解教育

　本節では、まず、国際理解教育の一環としての日本文化理解教育の意義について述べる。さらに、国際理解教育の中で、我が国の伝統や文化を尊重することに対する批判的先行研究に対して反論を試みる。

1、日本文化理解教育の意義

　本書でいう日本文化理解教育とは、我が国（日本）の伝統や文化について、それらの価値を理解し、尊重するとともに、継承・発展させるための教育のことを意味しており、当然、日本文化を広く世界に向けて発信する能力を育成することも含まれている。

　伝統や文化の概念は、極めて多義的であるが、ここでは著者自身の見解を端的に示しておきたい。

　伝統とは、我が国の長い歴史の中で培われ、伝えられてきた風習・制度・信仰・思想・学問・芸術やそれらの中心をなす精神的在り方のことを一般的には意味している[27]。

　一方、文化とは、人間が自然に手を加えて形成してきた物心両面の成果を意味しており、具体的には、衣食住・科学・技術・学問・芸術・道徳・宗教・政治など生活形成の様式と内容を含むものである[28]。

　そして、この伝統と文化は別個な存在ではなく、共通部分や表裏一体の部分も有しているため、「伝統と文化」というように併記されたり、「文化における伝統」や「文化すなわち伝統」というように、両者は相互密接なものとして捉えられている[29]。

　2006（平成18）年12月公布・施行の「教育基本法」第2条第9号では、「教

育の目標」の第 5 項目として、「伝統と文化を尊重し、それらをはぐくんでき
た我が国と郷土を愛するとともに、他国を尊重し、国際社会の平和と発展に
寄与する態度を養うこと」と明文化されることになった。

　これを受け、2007（平成 19）年 6 月の「学校教育法」一部改正では、その
第 21 条（義務教育の目標）第 3 号の第 3 項目で、「我が国と郷土の現状と歴史
について、正しい理解に導き、伝統と文化を尊重し、それらをはぐくんでき
た我が国と郷土を愛する態度を養うとともに、進んで外国の文化の理解を通
じて、他国を尊重し、国際社会の平和と発展に寄与する態度を養うこと」と
規定し、教育基本法の趣旨をさらに徹底・具体化している。

　このように、教育法レベルで我が国の伝統や文化の教育が明文化され、重
視されるようになったことは、著者としては歓迎すべきことであると考える。
そして、これら法規で示された「伝統と文化を尊重」する教育が、本書でい
う日本文化理解教育とほぼ同義なのである。

　教育法規に我が国の伝統や文化の尊重が規定されたことを受け、現行の
『学校指導要領』（『小学校学習指導要領』・『中学校学習指導要領』は 2008 年 3 月改
訂、『高等学校学習指導要領』は 2009 年 3 月改訂）の基本方針を示した「幼稚園、
小学校、中学校、高等学校及び特別支援学校の学習指導要領等の改善につい
て」（中央教育審議会答申、2008 年 1 月）では、我が国の伝統や文化について、
従前の答申よりもさらに一層踏み込んで詳細に述べられている。

　ここでは「グローバル化の中で、自分とは異なる文化や歴史に立脚する
人々と共存していくためには、自らの国や地域の伝統や文化についての理解
を深め、尊重する態度」の育成が重要であると述べ、グローバル化社会進展
への対応策の一つとして、我が国の伝統や文化の教育、即ち、日本文化理解
教育の重要性に言及している。

　異文化の理解・尊重だけでなく、我が国の伝統や文化の理解・尊重も、国
際理解の重要な要素であることを指摘しているのである。つまり、国際理解
教育の重要な柱としての日本文化理解教育の存在意義について述べていると

いえよう。日本文化の正確な理解を欠いた国際理解教育では、真の国際理解
は達成できないからである。

　ところが、現在の我が国の国際理解教育学界の主流は、世界の中で相対的
に自国や自国文化を理解しようとする意欲も努力も欠如しているといわざる
を得ない。この点については、著者のみならず、識者の間でも、「新しい国際
理解教育を推進する立場から、日本は異文化理解中心に矮小化されていると
いう批判」[30] が起きているのである。

　さらに、国際理解教育が目指す「国際人」について、梶田叡一氏は「国際
人になるということを、困ったことに、アメリカ人やフランス人と同様の仕
草や態度で英語やフランス語を操れるようになること、と短絡的に考えてい
る人がいまだにいます。しかしそれは単に『アメリカ人もどき』『フランス人
もどき』になることであって、本当の国際人になることではありません。あ
らためて言うまでもないことですが、アメリカ人やフランス人がそのまま国
際人ではないのです。国際人になるということは、いわば複眼的思考ができ
るようになる、ということです。日本人であって同時に国際人になるという
ことは、日本の常識やマナー等々に通じていると同時に、アメリカの、フラ
ンスの、メキシコの、中国の、ガーナの常識やマナー等々にも通じている、
ということなのです（中略）これから一層進んでいく人類社会化、グローバ
ル化に向けて、日本列島に居住する我々一人ひとりが、日本の文化伝統に深
く根差した『良き日本人』になる努力が不可欠なのです。これを土台として、
諸国諸民族の文化伝統の多様性を深く理解し、真の国際人としての意識を持
って活動していきたいものです」[31] と批判的に述べている。

　梶田氏は、外国語や世界の諸国家・諸民族の文化や政治・経済情勢に精通
していることが「国際人」の資質ではなく、我が国の伝統や文化を十分身に
つけることが大前提であると指摘しているのである。このことを梶田氏は、
「脚下照顧」（まず、自分自身の足元を省みよという禅語）という言葉で端的に表
現している。著者は「脚下照顧」の具体的方策こそ、日本文化理解教育に他

ならないと考えている。

　また、山本美津子氏は比較文化の研究者の立場から、自文化理解教育（日本文化理解教育）の必要性を力説している。山本氏は、国際理解を深めるためには、異文化理解と共に自文化理解も不可欠であるとしたうえで、「しかし日本においては、異文化理解教育としてこれまでは他国や他民族、他文化を理解することに重点が置かれた教育だけが主流であったといえる。異文化理解を通して自文化理解を深めるパターンの教育では、当然の事ながら深い十分な自文化理解へ導かれることは難しいのである。そこで、日常の生活の中で空気のように当たり前のものとなっている自分を取り巻く文化を自覚し理解する為には、『自文化理解教育』として日本の伝統・文化を広く深く理解させ、意識化させていく必要がある」32) と述べている。

　ここでは、事実上、異文化理解教育となってしまっている国際理解教育の現状に疑問を呈したうえで、我が国の伝統や文化の教育を「自文化理解教育」として特別に学校教育の場で教えていくことの必要性を訴えているのである。そして、「自文化理解教育」を介することによって、真の意味での国際理解が深められ、世界の人々との共生の関係を構築することができるとしている。

　つまり、山本氏は、異文化学習から自文化を内省する手法とならんで、自文化学習から異文化理解へと拡大させる手法という、2パターンの双方向的国際理解教育の在り方を提言しているといえよう。

　これまで、関係法規や中央教育審議会答申、識者の見解を紹介してきたが、著者が訴えたいのは、我が国の国際理解教育学界の現状では、真の国際理解たりえているのかということである。世界各国がユネスコの影響を受けつつ、各々の国際理解教育に取り組んできたが、「国際」という名称を冠している以上、好むと好まざるとに拘らず、国家（ネイション）を全く無視することはできないし、世界の情勢を見てもそのことが実感的に分かる。

　真の意味での国際理解教育とは、異文化理解のみを目指す教育ではなく、我が国の伝統や文化という確固たる「座標軸」を持って、異文化と比較し、

それらを理解し、敬意を払う感情や態度を育成することが目標とされるべきである。

　このためには、国際理解教育の中核に日本文化理解教育を位置づける必要があると考える。我が国の国際理解教育の「座標軸」は日本文化理解教育だからである。我が国の国際理解教育を真の国際理解教育たらしめること、それが日本文化理解教育の意義であると考えるのである。

　だが、国際理解教育の中で、我が国の伝統や文化を尊重することに対する否定的見解が少なからず存在することは事実である。

　例えば、多田孝志氏は我が国の伝統文化理解の教育を否定してコスモポリタンの育成を主張しているが [33)]、民族・宗教紛争が相次ぐ世界情勢の現実を目の当たりにすると、コスモポリタンの育成は遠い将来の非現実的な幻想にしか思えない。幻想ばかり追い求めて、足元が脆弱では話にならない。

　また、村上明子氏は「『自文化理解』がそのまま簡単に『他文化理解』へと直結するなどといった歴史的根拠の薄い推論」 [34)] と断じているが、拙著『日本文化理解教育の目的と可能性—小・中学校の事例を中心として—』（風間書房、2011）で、日本文化理解教育は国際交流に貢献する意義を有していることを著者は実証している。したがって、「歴史的根拠の薄い推論」ではない。

　このような、我が国の伝統や文化の理解の教育に対する批判的見解の最大理由は、伝統や文化の理解による日本人としてのアイデンティティの強調が、国民国家という枠を固定的なものとし、諸外国やそれらの文化を排除することにつながらないかという懸念であろう。だが、このような理由は、我が国の過去の不幸な歴史に照らして、あまりにも過敏反応に陥っているとしか考えられない。自らの伝統や文化の教育を否定する国が世界のどこに存在するのだろうか。

　国際理解教育と我が国の伝統や文化の教育の関係を対立的に捉えるのではなく、両者の「接点」を見い出そうとする見解も存在する。

　例えば、魚住忠久氏は、「日本的特殊性」と「地球的普遍性」の結合を視野

に入れたうえで、グローバルな視点から再検討された「日本の文化・伝統」と地球的普遍性の追求課題に立脚した「地球・日本社会」の構築を主張している[35]。

　また、堀尾輝久氏は、日本を含む世界各国の特殊性を超越したところに普遍性が存在するのではなく、様々な国民国家の特殊性を貫く普遍性の存在を認めている[36]。

　魚住氏や堀尾氏のように、国際理解教育の一環として、我が国の伝統や文化の教育の意義を見い出そうとする見解も存在するが、少数派である。先述のように、現在の我が国の国際理解教育学界の主流は、自国や自国文化の理解に対してきわめて冷淡である。果たしてこのような国際理解教育で、日本文化を世界に向けて発信する能力は育成されるであろうか。到底無理であろう。異文化受容力は育成できるであろうが、自文化発信力は育成できないと考える。

　そこで、本書の主題とも係わって、日本文化発信力育成の教育が必要となってくるのである。

第3節　日本文化発信力育成の教育の意義

　本節では、まず、学校教育の場で、我が国の伝統や文化、即ち、日本文化を世界に向けて発信する能力育成の意義について述べる。次に、この意義を受けて著した本書の目的と構成について述べる。

1、日本文化発信力育成の教育の意義

(1)「クールジャパン」現象

近年、「クールジャパン」と称して、日本文化が世界で再評価されてきてい

る。また、海外から日本への観光客も急増している。このような傾向は、2020（平成 32）年の東京オリンピック・パラリンピックの開催に向けてさらに強まっていくであろう。

　「クールジャパン」とは、端的にいえば、様々な日本文化が海外で評価を受けている現象やその日本文化自体を指す用語である。当初は、マンガ・アニメやファッション、映画などのポップカルチャー（大衆文化）が対象であったが、次第に日本食、家電製品、自動車など、広範囲にわたるものまでその対象と捉えられるようになった。さらに、伝統文化（茶道・華道・日本舞踊・相撲・歌舞伎など）や伝統工芸、文化遺産も対象とされている。ここでいう「クール」とは「かっこいい、感じがいい、流行である」などの意味を有しており、世界から好感度の高い日本文化のことを指している。つまり、「クールジャパン」現象の高まりは、世界の人々の日本文化に対する興味・関心が今まで以上に高まっていることを意味しているのである。

　安倍内閣は成長戦略の一つに「クールジャパン」を掲げ、内閣府特命担当大臣として「クールジャパン戦略担当大臣」を任命し、政府主導で官民一体となって「クールジャパン戦略」を遂行している。その一環として、2015（平成 27）年 1 月、内閣府に「クールジャパン戦略推進会議」を設置した。

　この会議は、「クールジャパンに関連する政策全体を生態系として捉え、オリンピック・パラリンピックの東京大会までの期間とその後を見据えて、我が国として『稼ぐ』ためのビジネスプランの策定に資するため、『クールジャパン戦略推進会議（以下、『会議』という）を開催する」（「クールジャパン戦略推進会議の開催について」内閣総理大臣決裁、2015 年 1 月）という趣旨の下、政府主導による「クールジャパン戦略」を東京オリンピック・パラリンピックに焦点を当てて企画・立案するために設置されたものである。会議設置の趣旨からも分かるように日本製品の海外への売り込みといった経済的側面が前面に出てはいるが、日本政府が東京オリンピック・パラリンピックを日本文化発信の好機として捉え、強力に推進していこうとしていることが分かる。

　つまり、現在の我が国は、世界中の人々が来訪するスポーツイベントに向けて、日本文化の発信を国策に位置づけているのである。

　だが、例えば、第 1 回の「クールジャパン戦略推進会議」(2015 年 1 月 27 日開催) に文部科学者が提出した資料 (「クールジャパン戦略に関する文部科学省の取組」) では、「日本の魅力の源泉である基盤の強化や人材育成の強化を進め、それを発信すべく発信力の強化を図ることが必要」と取り組みの方針が示されてはいるが、学校教育の場での発信力育成強化については全く触れられていない。

　具体的には、「人材育成の強化」として「優れた伝統芸能・工芸技術の伝承者や、地域に伝わる伝統文化を継承する後継者の養成を支援」とあり、「発信力の強化」として「舞台芸術や現代アート等の海外発信、『日本遺産』の認定・発信等により、文化遺産に関する情報発信を強化」とあって、学校教育関係のことは触れられていない。ただ、「クールジャパン戦略推進会議」の前身の「クールジャパン推進会議」の提言である「COOL　JAPAN　PROPOSAL クールジャパン提言」(2014 年 8 月) では、「子どもが楽しめるクールジャパン授業を実施する」として、小・中学生が身の回りにある「クールジャパン＝誇るべき日本の良さ」を見つけて記事にまとめ、インターネットで世界に発信する授業を提案しているが、文部科学省の政策として本格的に実施されるまでには至っていない。

　このように、政府は「クールジャパン」政策を重要国策の一つに位置づけ、内閣中心にその実施に取り組んでいるが、学校教育の場での「クールジャパン」教育は非常に立ち遅れている現状にある。

(2)　日本文化発信力育成の教育の意義

　「クールジャパン」現象の高まりを受け、日本文化の発信という課題はますます重要性を増してきているが、学校教育はこの課題に十分対応しきれているであろうか。

　元来、我が国は近代以降、外国文化の受容・摂取には非常に積極的であったが、自国文化の海外への発信については不熱心であった。

　国際交流基金が設置した国際交流研究会は、「新たな時代の外交と国際交流の新たな役割」（2003年4月）と題する報告書の中で、「今日の世界においては、ポップ・カルチャーを含めた日本の文化に対する高いニーズが存在する。こうしたニーズはきわめて多様なものとなってきているので、これらを把握・分析し、それぞれのニーズに即して、従来とは比較にならないきめ細かさで日本文化紹介や共同制作を行っていくことが必要である」と述べている。ここでは、従来の日本文化発信は不十分であったとし、「従来とは比較にならないきめ細かさ」で日本文化を発信することが必要であると提言している。

　具体的には、まず「日本のナショナル・イメージ」として、「普遍的価値を背負った日本の道義性」と「高度の資本主義社会の中に固有の伝統文化をいまだ保ちつづけている『日本型の伝統と近代の共存システム』」の二つをあげている。そして、これらのナショナルイメージは、戦略的に海外に発信されることによって、初めて我が国のソフト・パワーを支える外交資産となりうるとしている。このためにも、「日本の発信能力の強化」が喫緊の課題であると指摘している。

　特に、「日本文化に精通し、かつ国際対話能力によって海外に日本文化を発信できる日本の人材の発掘・育成が必要である。日本では、従来、このような海外発信を担う人材を戦略的に育成することを怠ってきたが、これは直ちに改善される必要がある」と述べ、強い調子で日本文化発信力を身につけた人材の育成が急務であるとしている。ここでは、英語教育の問題点とも係わって、日本文化の発信力を身につけた人材を早急に学校現場で育成することが必要だとしているのである。

　同様な見解は、識者の間でも少なからず指摘されている。

　たとえば、高階秀爾氏は、我が国の歴史を顧みて明らかなように、外国文化を摂取することには非常に熱心であったが、それに対して、日本文化の積

極的な発信は十分行われてこなかったとし、現在に至っても、文化受容力の方ばかりが重視されて、文化発信力は不十分であり、日本文化をいかにして海外に向けて強力に発信していくかが課題であると主張している [37]。

　また、寺西和子氏は、我が国の国際理解教育の新しい在り方に関する課題として、欧米文化中心からアジア文化重視への転換とならんで、文化摂取・吸収から文化発信・表現することのできるコミュニケーション能力の形成ということをあげている [38]。

　そのうえで、後者については、外国文化摂取中心主義から、自国文化の外国への発信・表現が重要な課題であるとし、自国文化を自覚的・積極的に外国に向かって表現する必要がなく、客観的・相対的にも直視してこなかった歴史に原因が求められると述べている。このため、われわれ日本人は、日本文化の発信という課題に直面して、自国文化である日本文化に関する認識のなさと無自覚に立ち止まってしまっている現状があるとしている。

　さらに、自文化中心主義に陥らないよう注意しながら、日本人の精神的特性は何かということを相対化して正当に理解し、表現できる能力を子どもたちに育成する必要があるとしている。この寺西氏の見解は、著者が提唱する日本文化理解教育の目指すところと同一のものである。

　このようなことを踏まえたうえで、寺西氏は「『共有体験』の異なる文化と『比較』を通して緊張的に学ぶことが必要である。暗黙になっている自国の文化を学ぶには、それをきわだたせる必要がある。ということは、他の異質な文化との『比較』の過程で学ぶということである。例えば、身近な外国人がいると共有体験の過程でその違いが、おのずと際だってきて自然に意識化される。異質な文化や人々との体験は、鏡に写し出される自己の姿をみるようなものであり、自己の文化特性を対象化し、写し出すことになる」 [39] と述べて、異文化との比較を通して、初めて相対化された日本文化を学ぶことができると主張している。この主張は、現在の我が国の国際理解教育や異文化理解教育の問題点の本質をいい当てているといえよう。異文化を背景とする

人々とのコミュニケーションの場面で、自国文化を紹介する行為、即ち、日本文化の発信ということを通して、日本文化を再認識・再評価できるとしているのである。

さらに、前出の山本美津子氏は、「国際理解を深める為には、当然の事ながら異文化を理解するのみならず、自国の文化への理解とその発信も進められなくてはならない。文化相対主義の下、多文化社会を築く為にも、自文化、異文化の対等な双方的な受信発信を行い、バランスよく互いの文化が認識されることが肝要である。日本ではこれまでの歴史をみてもわかるように外国文化を盛んに取り入れるばかりで、積極的な文化発信を怠ってきたといわれている」40)と述べ、高階氏や寺西氏と同様、歴史的に我が国の文化発信力の弱さを指摘している。

そのうえで、山本氏は日本文化発信力不足の要因として、次の2点をあげている。

第一に、日本文化の発信ツールとしての主要言語である英語の学習内容が、外国文化の紹介に偏っているという問題である。つまり、外国のことばかりを学習内容とするのではなく、日本の良さを広く外国に知ってもらうような英語力の育成に努める必要があると指摘しているのである。

第二に、海外へ発信すべき日本文化の内容について、子どもたちが十分に理解できているのかという問題である。子どもたちの現状を見ると、伝統文化や日本歴史に関して著しい理解力不足の現状にあるといえよう。

2、本書の目的と構成

前述のように、著者が考える日本文化理解教育とは、我が国（地域も含む）の伝統や文化を理解し、尊重するとともに、継承・発展させる教育のことであり、日本文化の発信力育成も目指している。結果的には、世界の諸国や諸民族の伝統や文化に対する尊重の気持ちも養われることになり、究極的には

国際協調の精神を養うことを目指している。つまり、自文化理解が異文化理解の大前提であるという観点に立脚しているのであり、国際理解教育の一環であると捉えている。

　日本文化に対する理解や日本人としての意識と異文化理解や世界の一員としての意識とは相関関係を有していることが、東京都教職員研修センターの調査結果からも実証されている [41]。

　だが、我が国の国際理解教育の現状を見ると、国（文部科学省）の教育政策における国際理解教育では、我が国の伝統や文化の尊重が謳われているが、ほとんどの研究者たちの関心は異文化理解のみに向けられている。つまり、現在の我が国の国際理解教育には、世界に貢献する日本人の育成を目指すために、他国理解だけでなく、自国理解も重視し、共に表裏一体のものとして捉える方向性と、地球市民の育成を目指すために、全世界共通の普遍的価値を重視する方向性とが併存しているのである。そして、文部科学省は前者の立場に立ち、国際理解教育学界の主流は後者の立場に立っているのである。

　したがって、日本文化の発信力不足が強く指摘される状況下にあって、日本文化理解教育こそが日本文化発信力育成の役割を担いうるものであると考えるのである。

　実際、子どもたちの日本文化発信力には、どのような課題が存在するのであろうか。

　著者が、2009（平成 21）年 10 月に福岡県行橋市内の小学校児童 226 名（5学年 114 名、6 学年 112 名）、中学校生徒 270 名（2 学年 158 名、3 学年 112 名）に対して実施した質問紙調査では興味深い結果が得られた [42]。

　93.9％の児童・生徒が我が国への帰属意識を持ち、85.7％が我が国の伝統や文化を世界に誇れるものだと思い、91.1％が我が国の伝統や文化を大切にし、将来へ継承していくべきだと思っている一方、日本文化の発信に関する質問項目では、肯定的回答は非常に低い割合となった。

　具体的には、「日本の文化を外国人に説明することが（日本語で）できますか」

との設問に対して、「よくあてはまる」が 5.5％、「あてはまる」が 28.5％であ
り、説明できると回答した者は 34.0％にとどまっている。9 割近くの者が我
が国の伝統や文化を世界に誇れるものだと捉えているのに対し、実際に外国
人に説明できる者になると約 3 割しか存在しないのである。この結果から、
我が国の伝統や文化を誇りに思ってはいても、知識や体験の不足によって、
外国人に説明（発信）できるまでの自信はないという実態が明らかになった。

　同様な結果は、別の調査（東京都教職員研修センターが、2001 年 9 ～ 10 月に都
内の公立小学校 5・6 学年、公立中学校 1・2 学年・都立高等学校 1・2 学年の計 1406
名を対象にした質問紙調査）でも、「日本（自分の国）のよさを言うことができ
る」との設問に対する回答の平均値は半分程度であった[43]。

　このような調査結果は、子どもたちの発信力不足の実態を如実に物語って
いるといえよう。日本文化の発信力強化という、国際化の進展にとって不可
欠な課題が学校現場には厳然として存在しているのである。

　日本文化の発信力育成に関する先行研究としては、まず、拙著『日本文化
理解教育の目的と可能性―小・中学校の事例を中心として―』（風間書房、
2011）の「第 4 章　国際交流に貢献する日本文化理解教育」があげられる。
本書で対象とする渋谷区立神宮前小学校の事例についても検討は行っている
ものの、紙幅の関係上、その教育実践の詳細については十分明らかにはして
いない。

　また、寺西和子「日本文化と異文化コミュニケーション」（水越敏行編著『新
しい国際理解教育を創造する』ミネルヴァ書房、1995）では、新しい国際理解教育
のあり方として、日本文化発信力育成の必要性については指摘しているが、
その発信育成の具体的な方策や内容についてまでは言及していない。つま
り、寺西氏の理論的方向性は、著者と全く同一であり、参考とする点が多い
が、教育実践の具体的参考事例の検討にまでは及んでいないのである。

　さらに、山本美津子「自文化理解教育（日本の伝統・文化理解教育）のすす
め―国際理解の視点より―」（『比較文化研究』No.75、日本比較文化学会、2007）

も本書を著すにあたって参考にするところが多く、著者は山本氏の見解に対して全面的に賛同している。だが、寺西論文同様、学術論文という性格上、具体的実践事例の検討にまでは踏み込んでいない。つまり、日本文化発信力強化のためには、英語によるコミュニケーション能力向上とならんで、日本の伝統・文化理解教育を推進することが必要であることを指摘する段階にとどまっているのである。

　そこで、本書では、日本文化理解教育によって、日本文化の発信力が育成されるとの観点から、全国的に見て先駆的実践である東京都渋谷区立神宮前小学校の事例を対象として、日本文化発信力育成の教育の具体的内容を明らかにする。特に、教育課程、授業内容、成果について中心に検討していく。

　第 1 章では、日本文化の発信力育成という観点から見た、国際理解教育の問題点を明らかにするとともに、日本文化理解教育によって日本文化の発信力が育成されるということや、日本文化発信力育成の教育の意義についても明らかにする。

　第 2 章では、日本文化の発信力育成を目指した学校教育の現状について、その全体的概況を明らかにする。特に、国立教育政策研究所や東京都教育委員会が主導した実践事例を中心に検討する。

　第 3 章では、日本文化発信力育成の先駆的実践を行い、着実な成果をあげている東京都渋谷区立神宮前小学校について、その概要や教育活動の特色、日本文化理解教育の実践に取り組むようになった契機などについて明らかにする。

　第 4 章では、神宮前小学校における日本文化発信力育成の実践について、教育課程や授業内容を中心として詳細に検討する。

　第 5 章では、日本文化発信力育成の教育という観点から見た、神宮前小学校の実践の成果や意義について明らかにする。

　このように、神宮前小学校の事例を通して、日本文化発信力育成の教育の具体的内容や意義がある程度理解できるようになることが、本書の特徴である。

注

1) 大津和子「国際理解教育の概念と目標」(『現代国際理解教育事典』明石書店、2012、14 頁)。

2) 大津和子「国際理解教育の学習領域」(『現代国際理解教育事典』16 頁)。

3) 『明鏡国語辞典　初級第 1 刷』大修館書店、2003、569 頁。

4) 藤原孝章「国際理解教育のパースペクティブ」(『現代国際理解教育事典』12 頁)。

5) 大津和子「国際理解教育の概念と目標」。

6) 魚住忠久「グローバル教育の課題」(『国際理解教育事典』創友社、1993、192 頁)。

7) 石井由理「グローバル化時代の国際理解と伝統文化」(山口大学大学院東アジア研究科『教育におけるグローバル化と伝統文化』建帛社、2014)、嶺井明子「ユネスコの国際理解教育」(『現代国際理解教育事典』20 頁)。

8) 佐藤郡衛『国際理解教育　多文化共生社会の学校づくり』明石書店、2001、20 〜 23 頁。

9) 同前、20 〜 23 頁。

10) 秦莉「日本の国際理解教育の歴史と今日的課題」(『人間文化研究科年報』第 28 号、奈良女子大学、2013)。

11) 同前。

12) 同前。

13) 同前。

14) 同前。

15) 同前。

16) 同前。

17) 同前。

18) 『国際理解教育　多文化共生社会の学校づくり』19 頁。

19) 同前、23 頁。

20) 「グローバル化と教育に関して議論していただきたい論点例」(「国際教育交流政策懇談会（第 1 回）配布資料」文部科学省、2011)。

21) 藤原孝章「グローバル教育」(『現代国際理解教育事典』) 219 頁。

22) 安渕聖司「グローバル人材の条件」(『日本教育新聞』2013.10.21 記事)。

23) 堀尾輝久「21 世紀に向かう教育」(『季刊　人間と教育』5、労働旬報社、1995)。

24) 石井由理「グローバル化時代の国際理解と伝統文化」。

25) 同前。

26）同前。

27）拙著『高等学校の日本文化理解教育』風間書房、2009、1～2頁。

28）同前、1～2頁。

29）大島建彦「我が国の『文化・伝統を尊重する』教育の課題と学校教育の改善」（森隆夫・高野尚好編著『国際理解と文化・伝統の尊重』ぎょうせい、1988）。

30）高橋健司「国際理解教育」（日本社会科教育学会編『社会科教育事典』ぎょうせい、2000、79頁）。

31）梶田叡一『日本の感性　和魂ルネッサンス』あすとろ出版、2009、26～28頁。

32）山本美津子「自文化理解教育（日本の伝統・文化理解教育）のすすめ―国際理解の視点より―」（『比較文化研究』No.75、日本比較文化学会、2007）。

33）多田孝志『学校における国際理解教育　グローバルマインドを育てる』東洋館出版社、1997、15～16頁。

34）村上明子「グローバル化する国際理解教育をどう行うか」（『関西外国語大学研究論集』第95号、2012）。

35）魚住忠久「グローバル・エデュケーション」（『教育学研究』第61巻第3号、日本教育学会、1994）。

36）堀尾輝久「21世紀に向かう教育」。

37）高階秀爾「複眼的思考による発信戦略を」（『文化庁月報』No.437、2005）。

38）寺西和子「日本文化と異文化コミュニケーション」（水越敏行編著『新しい国際理解教育を創造する』ミネルヴァ書房、1995）。

39）同前。

40）山本美津子「自文化理解教育（日本の伝統・文化理解教育）のすすめ―国際理解の視点より―」。

41）「世界の中の日本人としてのアイデンティティをはぐくむ教育に関する研究」（『東京都教職員研修センター紀要』第1号、東京都教職員研修センター、2002）。

42）詳細は、拙著『日本文化理解教育の目的と可能性―小・中学校の事例を中心として―』（風間書房、2011、37～69頁）を参照。

43）「世界の中の日本人としてのアイデンティティをはぐくむ教育に関する研究」。

第 2 章
日本文化の発信力育成を目指した学校教育の現状

　本章では、日本文化の発信力育成を目標とした学校現場での教育実践の現状について検討し、その問題点についても明らかにする。

　現状の国際理解教育では日本文化の発信力育成など到底困難であることは先述したが、では、現状の日本文化理解教育ではそのような能力を育成できているのであろうか。

　今次の『学習指導要領』改訂を受け、日本文化理解教育は、小・中学校及び高等学校の各教科・科目や総合的な学習の時間、特別活動などで積極的に取り組まれており、着実な成果があがっていることは、全国の市区町村教育長に対する質問紙調査の結果からも分かる[1]。

　だが、今次の『学習指導要領』改訂以前から、学校単位ではなく、国レベルや各自治体レベルでの意欲的実践も数多く行われている。

第1節　国レベルでの全国的実践の状況

　国レベルとしては、まず、国立教育政策研究所教育課程センターによる指定校・指定地域事業の一環として、2005（平成17）年度〜2009（平成21）年度まで実施された「我が国の伝統文化を尊重する教育に関する実践モデル事業」があげられる。

　この事業の目的は、「学校教育において児童生徒が我が国に伝わる伝統や文化にふれる機会を充実することにより、我が国の伝統や文化への関心や理解を深めるとともに、それらを大切にしようとする態度を育て、豊かに生きる力をはぐくむことに資する」[2]とあるように、学校教育の場で我が国の伝統や文化に関する教育を意図的・計画的に行うことによって、我が国の伝統や

文化への理解を深めるとともに、尊重の態度も育て、究極的には「豊かに生きる力」を育成することである。

　特徴点としては、公立に限定してはいるが、小・中学校、高等学校、中等教育学校、特別支援学校の全校種を対象としている点や、事業名称にあるように「伝統文化」、即ち、伝統的な日本文化のみを対象とし、現代の日本文化は対象としていない点などがあげられる。

　研究課題としては、次の 2 点が示されている（両方とも取り組むべき課題）。

　第一に、「我が国の伝統文化に関する教育について、教育課程への位置付け、指導内容、指導方法、教材についての実践研究」[3] ということである。具体的には、「①児童生徒が学校教育の中で我が国に伝わる伝統文化にふれたり、我が国の伝統文化に対する認識を深める機会を充実するための全体計画、指導計画等の作成についての研究、②学校教育において、我が国の伝統や文化に児童生徒がふれる機会を充実するための指導方法と教材開発についての研究」[4] ということが示されている。即ち、伝統文化に関する教育課程や指導方法の研究が、第一の課題とされているのである。

　第二に、「外部人材や団体等との効果的な連携方策」[5] ということである。具体的には、「①児童生徒が学校教育の中で我が国の伝統文化にふれる機会を支援するための外部人材や団体等との連携を図る体制づくりについての研究、②授業において外部人材や団体等を生かし、児童生徒が我が国の伝統文化にふれる機会を充実させる指導方法についての研究」[6] ということが示されている。即ち、伝統文化に関する教育を行うための人的・物的資源の活用方策の研究が、第二の課題とされているのである。

　この事業自体については、拙著『日本文化理解教育の目的と可能性―小・中学校の事例を中心として―』（風間書房、2011）の「第 3 章　日本文化理解教育の実践が目指すもの―国立教育政策研究所による『我が国の伝統文化を尊重する教育に関する実践モデル事業』を事例として―」において詳細な検討を行っている。これによれば、この事業は、第 1 期（平成 17 年度、事業開始

年度のため単年度で終了)、第 2 期 (平成 18 年度〜平成 19 年度)、第 3 期 (平成 20 年度〜平成 21 年度) の 3 期に区分でき、全期間を通して見ると、小学校 149 校、中学校 85 校、高等学校 81 校、特別支援学校 (養護学校) 11 校の計 326 校がモデル校に指定されている。だが、2 期あるいは 3 期 (全期間) にまたがって実践研究を行ったモデル校 (小学校 18 校、中学校 9 校、高等学校 10 校、養護学校 2 校) も存在するため、モデル校の実数は、小学校 131 校 (45.6%)、中学校 76 校 (26.5%)、高等学校 71 校 (24.7%)、特別支援学校 (養護学校) 9 校 (3.1%) の計 287 校である。

　これら全 287 校のモデル校の中で、国際交流や日本文化の発信を意識した研究主題を掲げているのは、わずかに 6 校にすぎず、その内訳は、小学校 3 校、中学校 1 校、高等学校 2 校である[7]。

　小学校では、福島県天栄村立大里小学校 (平成 17 年度〜 19 年度の第 1・2 期間指定)、福岡県太宰府市立太宰府西小学校 (平成 17 年度〜 19 年度の第 1・2 期間指定)、東京都渋谷区立神宮前小学校 (平成 20 年度〜 21 年度の第 3 期指定) の 3 校である。

　大里小学校の平成 17 年度の研究主題は「我が国に伝わる伝統や文化を大切にする心を養い、国際社会と協調し自国の伝統や文化を誇れる態度を育て、豊かに生きる力を身につけた子どもを育成する」[8] であり、平成 18 〜 19 年度の研究主題は「我が国に伝わる伝統や文化を大切にし、国際社会と協調し、豊かに生きる力を身に付けた児童の育成」[9] ということであった。国語科・生活科・総合的な学習の時間で実践研究に取り組む体制を取っており、郷土の伝統芸能である「丹波たて山わらし太鼓」や創作劇「大里城物語」を広く海外にも発信することを意図している。

　太宰府西小学校の研究主題は「国際性豊かな子供を育てる国際教育の創造—互いの伝統文化にふれ合う姉妹校交流をとおして—」[10] ということが掲げられている。姉妹校である韓国の扶余邑百済初等学校との隔年の相互訪問交流の際に、太宰府西小学校側は、日本舞踊・和太鼓・琴・詩吟・茶道などを

現地で実演して文化交流を行っている。この太宰府西小学校の事例については、拙著『日本文化理解教育の目的と可能性─小・中学校の事例を中心として─』の「第 4 章　第 2 節　福岡県太宰府市立太宰府西小学校の事例〜日韓文化交流を担う子どもたち〜」において詳細に検討している。

　東京都渋谷区立神宮前小学校の実践は、現在に至るまで継続的に行われており、日本文化の発信力育成の先駆的事例として特に注目に値するため、本書で直接の対象として取り上げたのである。

　中学校では、大阪府豊能町立吉川中学校（平成 18 年度〜 19 年度の第 2 期指定）のただ 1 校のみである。同校の研究主題は「我が国の伝統文化を習得し、国際社会に対応でき、貢献できる日本人の育成」[11] ということを掲げている。選択教科の国語科（毛筆）や社会科（伝統文化）、音楽家（箏曲）を中心に、在日外国人や海外への紹介という観点に立った授業を行っている。

　高等学校では、神奈川県立愛川高等学校（平成 18 年度〜 19 年度の第 2 期指定）、埼玉県立岩槻高等学校（平成 20 年度〜 21 年度の第 3 期指定）の 2 校である。

　愛川高等学校の研究主題は「学校設定科目である『伝統文化』を中心とした、地域社会との連携による『国際的地域人』の育成」[12] ということを掲げている。芸術科の学校設定科目である「伝統文化」の授業で、郷土芸能「三増の獅子舞（みませのししまい）」や伝統工芸「海底紙（おぞうがみ）」などの演技・作成指導を行っており、さらに、その成果を在日外国人や海外へも紹介している。

　岩槻高等学校の研究主題は「日本及び地元岩槻の伝統文化の授業をとおし、日本に対する理解を深め、国際社会で活躍できる生徒の育成を図る」[13] ということを掲げている。同校には国際文化科が設置され、我が国や諸外国の伝統・文化についての理解を深めるとともに、英語によるコミュニケーション能力を高めることによって、国際的視野を広げて国際社会で活躍できる人材の育成を目指している。この国際文化科の 3 学年の学校設定科目「生活文化」の授業では、地域の伝統産業である日本人形（木目込み）制作実習や茶道・

華道の指導を行い、学んだことを在日外国人や海外に英語で紹介することを意図している。

　これら 6 校の報告書に記載された実践内容を検討すると、単に我が国の伝統文化の体験や理解といったことにとどまらず、それらを広く海外に発信しようとする能力、即ち、日本文化の発信力の育成という観点にも立脚していることが分かる。だが、全モデル校 287 校の中のわずか 6 校 (2.1%) にしかすぎないことは、この事業による実践が「内向き志向」に偏ってしまっており、日本文化を広く海外に発信しようとする視点が欠如していることを端的に物語っているといえよう。

　「我が国の伝統文化を尊重する教育に関する実践モデル事業」は、2010 (平成 22) 年度からは「地域等の課題に応じた教育課程研究事業『伝統文化教育実践研究』」と改称されて、内容の若干の見直しもされ、2011 (平成 23) 年度までの 2 年間、実践研究が行われた。

　しかし、この事業の趣旨は「各教科等における我が国の伝統や文化に関する学習指導についての実践研究を行うことにより、学校教育において児童生徒が我が国の伝統や文化にふれ、関心や理解を深め、それらを大切にしようとする態度を育て、豊かに生きる力をはぐくむことに資するとともに、教育課程の基準の改善の参考となる資料を得る」[14] とあって、我が国の伝統文化に関する実践研究の成果を教育課程、即ち、『学習指導要領』改訂の際の参考に資することが新たな目的として追加されている。

　全実践研究校 (公立のみ) 41 校の研究主題を見ると、日本文化の発信力育成という視点を意識しているものはわずか 1 校にすぎない[15]。

　その 1 校とは、和歌山県立向陽高等学校である。同校の研究主題は「世界遺産に登録された『紀伊山地の霊場と参詣道』について、熊野古道を中心に研究を行う。さらに、従来より学習してきた熊野古道や郷土の文化遺産について、その発信方法の研究も行う。また、語り部の案内で現地を歩いたり、地元大学の『出前講座』を活用するなど、積極的に外部講師の招聘を行い、

研究を深める」16) とあり、地元の世界遺産に関する文献研究やフィールドワークを行ったり、地元に伝承されてきた雅楽や舞踊の鑑賞を行うことによって、古代の雰囲気を味わわせることなどが主な研究内容であった 17)。

　この実践で特徴的なのは、地元の世界遺産を観光資源として海外へ積極的に発信することによって、地元の活性化策を考案させたり、外部講師を招いた授業を受けることによって、韓国の歴史や文化を学び、我が国の歴史や文化と比較理解をさせていることである。

　この事業も、2012（平成24）年度からは、国立教育政策研究所による「教育課程研究指定校事業」の中の「学校全体としての各教科等の連携による体系的な伝統文化に関する教育課程の編成、指導方法等の工夫改善に関する実践研究」に改編され、2年継続で指定校（公立のみ）が実践研究を行い現在に至っているが（平成24年度〜25年度は小学校3校、中学校1校、高等学校1校の計5校、平成25年度〜26年度は小学校2校、中学校2校、高等学校1校の計5校）、これら10校の中で日本文化の発信力育成や国際交流を意識した実践は存在しない。

第2節　自治体レベルでの実践の状況

　都道府県あるいは市町村レベルで、教育委員会主導による日本文化理解教育の組織的実践を行っているのは、東京都・兵庫県・埼玉県及び広島県東広島市・静岡県島田市である。

1、東京都の「日本の伝統・文化理解教育」による実践

　自治体レベルで最も積極的に日本文化理解教育に取り組んでいるのが東京都である 18)。

　東京都教育委員会は、2005（平成 17）年度〜 2006（平成 18）年度にかけて、「日本の伝統・文化理解教育推進事業」を実施し、都立学校の学校設定教科・科目「日本の伝統・文化」のカリキュラム開発を行った。2007（平成 19）年度からは、全都立高等学校の約 1 割にあたる 25 校 27 課程と都立中央ろう学校高等部の計 26 校 28 課程で、学校設定教科・科目「日本の伝統・文化」の授業が実際に開始された。これ以降、都立学校での「日本の文化・伝統」の開設は年を追うごとに増加してきている（例えば、平成 24 年度は 50 校 52 課程）。

　さらに、管内の公立小・中学校での実践も推進するため、2007（平成 19）年度〜 2009（平成 21）年度にかけては、「日本の伝統・文化理解教育推進モデル地域事業」を実施し、杉並区教育委員会（小学校 1 校・中学校 1 校）、板橋区教育委員会（小学校 3 校・中学校 1 校）、荒川区教育委員会（小学校 2 校・中学校 1 校）、八王子市教育委員会（小学校 2 校・中学校 2 校）、武蔵村山市教育委員会（小学校 3 校・中学校 1 校）、あきる野市教育委員会（小学校 12 校・中学校 6 校）の計 6 地域 36 校の研究指定校で実践が行われた。

　このように、東京都教育委員会の主導の下、「日本の伝統・文化理解教育」は管内の全校種の公立学校に拡大していき、現在では、教科・科目、道徳、特別活動、総合的な時間の学習などのいずれかを利用して、何らかの形ですべての学校が取り組んでいる状況にある [19]。

　このような訳で、東京都教育委員会は日本文化理解教育の先駆的実践事例を数多く提示してきているが、日本文化の発信や国際交流を意識した実践についてはどうであろうか。

　東京都教育委員会によるカリキュラム開発の結果、指導事例集として刊行されたのが、『東京都立学校　学校設定教科・科目「日本の伝統・

『東京都立学校　学校設定教科・科目「日本の伝統・文化」カリキュラム』

文化」カリキュラム』（東京都教育庁指導部、2006）であった [20]。

　『東京都立学校　学校設定教科・科目「日本の伝統・文化」カリキュラム』では、学校設定教科・科目「日本の伝統・文化」の目標として、「国際社会に生きる日本人としての自覚と誇りを養うとともに、多様な文化を尊重できる態度や資質をはぐくむ」 [21] ということが掲げられている。これを受け、「目指す生徒像」として、「①自分の身近な地域や自国の伝統・文化の価値を理解し、誇りに思える生徒、②自国の伝統や文化を世界に発信できる資質や能力をもった生徒、③他国の伝統や文化を理解し尊重するとともに、互いに文化交流ができる生徒」 [22] の 3 点が示されている。この中で、特に②については、東京都の「日本の伝統・文化理解教育」が、日本文化の発信ができる生徒の育成を目標として明示している点から考えて重要である。

　また、「教育課程編成の視点」の第 2 項目にも、「(2) 思考力、創造力及び表現力を育成すること。外国人や外国の文化との交流活動を重視し、伝統・文化を理解するとともに文化発信・交流する力を養うようにする」 [23] とあって、国際交流や日本文化の発信力育成ということが重視されていることが分かる。

　さらに、「年間指導計画の作成に当たって」の個所では、その第 4 項目には「(4) 生徒が、学習したことを表現したり伝え合ったりする学習を取り入れること」とあり、具体的には「日本の伝統・文化について学習したことを自分の言葉で表現したり、話し合ったりすることにより、我が国の伝統・文化のよさを世界に向けて発信できる資質・能力をはぐくむ」 [24] ということがあげられている。

　これらのことから考えると、学校設定教科・科目「日本の伝統・文化」は、単に我が国の伝統や文化を理解し、尊重することを目標としているのではなく、一歩進んで、首都東京から日本文化を全世界に発信することのできる能力の育成も目指しているといえよう。つまり、「日本の伝統・文化」は、日本文化の発信力育成を目指した教科・科目ともいえるのである。

『東京都立学校　学校設定教科・科目「日本の伝統・文化」カリキュラム』では、単元例（指導案例）として 27 事例が示されているが、日本文化の発信力育成と最も関係性が深いのが、第 5 事例「ジャパンパーティーの企画演出」（6 時間配当）25) であり、この指導案が表 1 である。

　この事例では、「ジャパンパーティー」と称してはいるが、在日（在東京）外国人に我が国の伝統や文化を紹介するだけでなく、彼らから外国の伝統や文化についても学ぶことが意図されている。つまり、相互の国際文化交流を図ることがねらいとされているのである。

　また、我が国の伝統や文化の中で何を伝えるのかといったことや、外国の伝統や文化の中でどのようなことを学ぶ必要があるかといったことを討論させることによって、生徒に自主的考察をさせようとしている。このような学習過程を通して、我が国の伝統や文化の奥深さを認識させ、「ジャパンパーティー」の企画発表によって、日本文化の発信力の育成も目指しているといえよう。評価規準の「発表・交流の能力」の個所に、「日本の伝統・文化について分かりやすく伝えるとともに、外国の伝統・文化について積極的に質問し、交流している」と示されていることからも、日本文化の発信力とともに、国際文化交流ができる能力の育成も目指していることが分かる。

　だが、学校設定教科・科目「日本の伝統・文化」の段階では、まだ、日本文化の発信力育成という観点からの指導は不十分であるといえよう。

　そこで、このような問題点を克服するため、東京都教育委員会は、2010（平成 22）年度から「世界に発信する日本の伝統・文化推進校事業」を 2 年継続（平成 22 年度〜23 年度）で開始した。

　具体的には、学校設定教科・科目「日本の伝統・文化」を開設している都立学校 10 校を推進校として指定し、「日本の伝統・文化を紹介する等、外国人との交流の機会を通じて、生徒が日本の伝統・文化について理解を深め、国際社会に生きる日本人としての自覚と誇りをはぐくむ教育を推進します」26) との目標の下、日本文化の発信力育成を図る実践が主に都立高等学校

表1　単元名　「ジャパンパーティーの企画演出」

1　単元について

　　外国人に日本の伝統・文化を紹介するとともに、外国の伝統・文化について学ぶパーティーの企画を立てる。

　　パーティーの場所や、対象を個人又は各グループに分かれて考え、日本の何を伝え、外国のどのようなことを学ぶのかについて討論を行う。

　　実際に企画・運営するためのプログラムを書き上げ、実施内容、必要な物、予算案などを盛り込んだ企画書をつくり発表を行う。

　　このような学習を通して、日本の伝統・文化を掘り下げて学び調べていく過程で多様な視点からの研究が必要となることや、発表をすることでより深く日本の伝統・文化を学ぶ必要性を実感させるのが、本単元のねらいである。

2　単元の目標

　(1)　日本のどのような内容を伝え、外国の何について学ぶのかについて議論を行う。
　(2)　具体的なパーティーを考え、それに必要な内容を各自で掘り下げて研究を行い、それぞれの考えをもち寄って内容の検討を行う。
　(3)　実際に運営するパーティーの主催者側の立場に立って、様々な実施上の課題について協議を行い、実施の方法を探る。
　(4)　実際に運営できるようなプログラム作りを行い、発表する。

3　指導体制・形態等

　(1)　学年単位で体育館を使ったパーティーや、2クラス合同のパーティーなど、交流を工夫した学習形態にする。
　(2)　各専門領域の教員が基礎、応用、発展と連携を図って授業に当たる。

4　評価規準

日本の伝統文化への関心・意欲・態度	創造への工夫	発表・交流の能力	鑑賞の能力
単元の趣旨を理解し、積極的に活動に取り組んでいる。	パーティー形式で発表をすることの意義を認識し、創造的な内容の提案をしている。	日本の伝統・文化について分かりやすく伝えるとともに、外国の伝統・文化について積極的に質問し、交流している。	日本及び外国の伝統・文化のよさを味わっている。

5　指導計画

(1)　基礎編

段階	主な学習活動	指導上の留意点等
話し合う（2時間）	(1)　日本の伝統・文化を紹介するとともに、外国の伝統・文化について学ぶパーティーをどのように実施するか、その概要についてグループで討議を行う。 (2)　話し合いの結果をまとめる。	○今まで学んだ資料を基に、キーワードで日本の伝統・文化を並べさせ、何をどのように伝えるのかについて考えさせる。

(2)　発展・応用編

企画する（2時間）	(3)　実際にプランニングを行う。 (4)　対象、内容、規模、予算、時間配分等、用意する物品、説明及び質問の内容などについて多角的かつ具体案にまとめていく。	○伝統・文化を幅広く取り扱うため、複数の教員がティーム・ティーチングで指導に当たる。
発展する（2時間）	(5)　グループごとに事前に用意した日本の伝統・文化に関する説明を行う。 (6)　外国人から質問を募り、回答する。 (7)　上記（5）で説明した内容について、外国ではどのようになっているか、質問する。 (8)　外国人の回答から、更に深く知りたい事柄を見付け、再度質問を行う。 (9)　日本と外国の伝統・文化を比較し、気付いたことを発表し合う。	○自信をもって日本を語れるように指導する。 ○質問を受け、答えることで日本のよさをより一層深く理解できるようにする。 ○他のグループの内容を聞くことにより、多角的に日本の伝統・文化の研究が可能となる。

(注)『東京都立学校　学校設定教科・科目「日本の伝統・文化」カリキュラム』（東京都教育庁指導部、2006、42 ～ 43 頁）より収載。

で実施された。

　推進校に選定されたのは、白鷗高等学校（全日制）、忍岡高等学校（全日制）、晴海総合高等学校（全日制）、荻窪高等学校（定時制）、調布北高等学校（全日制）、田園調布高等学校（全日制）、国際高等学校（全日制）、飛鳥高等学校（全日制）、町田総合高等学校（全日制）、中央ろう学校高等部の高等学校 9 校、特

別支援学校 1 校であった 27)。

　これら 10 校では、地域に居住する外国人や留学生との交流会を年間 2 回程度開催することによって、生徒が我が国の伝統や文化を彼らに紹介するなどの国際交流を行うこととされた。

　表 2 は推進校の研究目標及び教育課程上の位置づけを示したものであり（平成 22 ～ 23 年度）、表 3 は国際交流に関する主な実践（平成 22 年度）の一覧である。

　表 3 から分かるように、交流相手は在日外国人や留学生、来校した外国の高校生（アメリカ・韓国・オーストラリア）と多岐に渡っているが、交流期間は 1 日のみが圧倒的に多く、「単発型」の国際交流による日本文化の発信活動であるといえよう。

　推進校の生徒の感想には、「英語とジェスチャーで日本の伝統・文化について説明できてうれしかった」28) と述べて、日本文化の発信に意義を見い出したという意見や、「留学生に質問されて答えられないことがある自分に気付いた」29)、「意外と自分の国の文化を知らないことに気付いた」30) と述べて、自国文化についての無知識を自覚したという意見、さらに、「留学生との交流を通じて、日本の文化について更に知りたくなった」31) と述べ、日本文化の発信を通して日本文化に対する学習意欲が喚起されたという前進的意見もあった。

　一方、交流相手の外国人の感想では、「日本の生徒と触れ合い、日本の文化や生活様式について学ぶことができた」32)、「日本の文化に触れる貴重な体験ができた」33)、「今まで思っていた日本のイメージが変わった」34) などと、生徒による日本文化の発信が一定の成果をおさめていることがうかがえる意見や、さらに進んで、「日本が好きになった」35)、「日本での 1 週間は人生最高のひとときだった。必ず日本に戻ってきたい」36)、「日本の文化に触れることができ、日本に対してとても親しみをもった」37) など、日本に対する親近感や好意的意見を述べたものもあった。全体的に見て、日本に対するプラス

表 2　「世界に発信する日本の伝統・文化推進校」の研究目標及び教育課程上の位置づけ一覧（平成 22・23 年度）

学校名 （課程等）	研究目標	教育課程上の 位置づけ
白鷗高等学校（全日制）	①日本の伝統・文化を、海外短期留学（オーストラリア）、海外修学旅行（マレーシア）、さらに諸外国人の訪日に際し積極的に紹介する。 ②日本の伝統・文化理解教育に係る学校設定科目「日本文化概論」の開発を行う。 ③外部機関や地域の教育資源等を活用した日本の伝統・文化理解教育の進み方に係る研究開発を行う。	・学校設定教科「日本の伝統・文化」の中の学校設定科目「日本文化概論」・「日本文化史」を中心とする。
忍岡高等学校（全日制）	①国際社会をたくましく生きる生徒の育成～生徒に日本人としてのアイデンティティを育み、本校への帰属意識を高めさせ、自信と誇りを持たせる。	・学校設定教科「日本の伝統・文化」の中の諸科目や部活動を中心とする。
晴海総合高等学校（全日制）	①生徒が日本の伝統・文化について理解を深め、国際社会に生きる日本人としての自覚と誇りを育む教育を次の三つの目標に基づき積極的に推進。 ・「日本の伝統・文化」に係る学校設定教科・科目の学習内容の充実と技術・技能の習得。 ・文化祭及び実技実践発表会等を通じた日本の伝統・文化理解の推進と効果的な成果発表の在り方。 ・教育課程に位置付けた国際交流活動における日本の伝統・文化を活用した交流機会の創出。	・学校設定教科「日本の伝統・文化」の中の学校設定科目「日本文化」、「邦楽」、「郷土芸能」、「日本文化実習」、「茶道・華道」を中心とする。
荻窪高等学校（定時制）	①日本の伝統文化である茶道を通して日本の文化や伝統に対する理解を深め、諸外国や諸地域の文化や伝統を尊重し、国際社会に生きる人間の資質を養う。	・「芸術科」の中の学校設定科目「日本文化（茶道）」を中心とする。
調布北高等学校（全日制）	①日本の音楽や美術及び書道における歴史や技能を学び、伝統に根ざした「音」「美」を多方面から理解し、作品制作を通して自らの表現に生かす力を育成する。また、鑑賞教育の充実を図り、表現学習と関連させることで日本文化の継承と発展を図るとともに、他国の文化や伝統についても尊重できる態度を育成する。	・「芸術科」の「音楽」・「美術」・「書道」を中心とする。

中央ろう学校高等部（特別支援学校）	①国際社会に生きる日本人としての自覚と誇りを養うとともに、多様な文化を尊重できる態度や資質を育むために、次の三つを目標とした。 ・日本の伝統・文化に触れ、自ら体験し、先人の知恵や知識を知り、生活の中に生かせる資質や能力を育てる。 ・手話狂言や華道・茶道を体験し、ものの考え方や生き方などを学び、自己の在り方・生き方を考え、表現できるようにする。 ・日本の文化に慣れ親しみ、世界に発信できる力を身に付け、文化交流の際に自国の誇りをもって表現できる意欲や実践力のある生徒を育てる。	・学校設定教科・科目「日本の伝統・文化」を中心とする。
田園調布高等学校（全日制）	①日本に留学している外国人学生に「日本の伝統・文化」を紹介する学習活動を通して、将来、「日本の伝統・文化」を世界に発信できる人材の育成を目指すとともに、国際交流の在り方を考える。	・学校設定教科「日本文化」の中の諸科目を中心とする。
国際高等学校（全日制）	①国際化時代に対応した真の国際理解や国際協調のための充実した教育活動、交流活動を学校教育の視点から企画、推進するとともに、諸外国に日本の伝統と文化を発信することを通して、国際社会に生きる日本人としての自覚や誇りを養い、さらに互いの交流活動を通して、世界の多様な文化を理解し尊重できる態度や資質を育むことにより、豊かな国際感覚と積極的に国際社会で活躍できる生徒を育てる。	・学校設定教科「国際理解」の中の学校設定科目「日本文化」と「伝統芸能」を中心とする。
飛鳥高等学校（全日制）	①学校設定教科「日本の伝統・文化」を中心に英語の授業や海外修学旅行、部活動まで広く「日本の伝統・文化理解教育」を推進する体制を構築する。	・学校設定教科「日本の伝統・文化」の中の学校設定科目「茶道」・「華道」・「箏」・「陶芸」・「書の表現」を中心とする。
町田総合高等学校（全日制）	①「生徒一人一人が多様な学習活動を通して、自分自身の自尊感情を育み、社会における自己の確立を目指して自己錬磨に取り組む学校」という教育目標の一環として、国際的視野を育成するため、	・学校設定教科「日本文化」（1年次必履修）を中心とする。この「日本文化」

	自国の文化を学び、海外教育旅行団等との交流を通して体験的に学習を深めさせる。	は学校設定科目「空手道」・「合気道」・「伝統太鼓」・「華道」・「茶道」・「伝統音楽」に区分される。

(注)　「世界に発信する日本の伝統・文化推進校」(『伝統・文化ニュース』第 12 号、東京都教育庁指導部指導企画課、2012) より作成。

表 3　「世界に発信する日本の伝統・文化推進校」の主な取り組み (平成 22 年度)

学校名 (課程等)	外国人との交流時期	交流内容
白鴎高等学校 (全日制)	・平成 22 年 10 月 31 日	・長唄・三味線の披露 ・日中韓教育旅行シンポジウム
忍岡高等学校 (全日制)	・平成 22 年 9 月 28 日	・生徒会、琴・茶道、その他部活動の披露・体験、昼食・夕食交流会
	・平成 23 年 2 月 18 日	・琴、茶道の見学・交流
晴海総合高等学校(全日制)	・平成 22 年 7 月 21 日〜7 月 23 日	・浴衣の着付け及び着装・茶道
	・平成 23 年 3 月 17 日	・箏曲、茶道・華道の体験
荻窪高等学校 (定時制)	・平成 22 年 6 月 23 日	・茶道・割り稽古と盆略点前の基本を体験(帛紗(ふくさ)のさばき方、棗(なつめ)、茶杓(ちゃしゃく)の清め方など)
調布北高等学校 (全日制)	・平成 22 年 11 月 25 日	・箏曲の披露及び体験 ・多色摺(ず)り木版画による「自画像」の製作 ・「漢字の書」「仮名の書」
中央ろう学校高等部 (特別支援学校)	・平成 22 年 4 月 27 日〜4 月 29 日	・授業体験、書道、茶道、生け花の体験と交流会
	・平成 22 年 6 月 2 日〜6 月 3 日	・学校見学・授業体験 (自己紹介と自国の紹介)
	・平成 22 年 7 月 15 日	・英語の授業参加。日本のろう学校教育視察

	・平成 22 年 7 月 16 日	・施設見学と授業体験（自己紹介と交流会）
	・平成 22 年 9 月 22 日	・学校見学・授業体験（自己紹介と自国の紹介）
	・平成 22 年 11 月 10 日	・あしなが基金の創設の意義を講演。講師の足跡紹介
	・平成 23 年 1 月 3 日〜1 月 10 日	・施設見学、授業体験と日本の伝統・文化「手話狂言」の実演、ホームステイ体験
	・平成 22 年 2 月 20 日〜2 月 27 日	・施設見学、交流会、着物の着付け、茶道、書道、生け花、和太鼓と琴の演奏等の体験と送別会（手話歌披露）、ホームステイ体験
田園調布高等学校(全日制)	・平成 22 年 9 月 1 日〜12 月 24 日	・日本の伝統文化の授業を受講（箏曲と茶道）
	・平成 22 年 11 月 3 日	・箏曲の演奏、振袖の着物
	・平成 22 年 12 月 22 日	・箏曲の校内発表会
国際高等学校（全日制）	・平成 22 年 4 月 28 日	・和太鼓演奏披露：仁川外国語高校（韓国）170 名
	・平成 22 年 7 月 14 日	・伝統遊び（お手玉・福笑い・だるま落とし・剣玉・竹馬）体験、アメリカミシガン州高校生 9 名
	・平成 22 年 7 月 15 日	・茶道披露及び体験：アメリカミシガン州高校生 9 名
	・平成 22 年 7 月 16 日	・和太鼓披露：ソウル外国語高校（韓国）200 名
	・平成 22 年 7 月 17 日	・書道体験、うちわ作り、浴衣試着、アメリカミシガン州高校生 9 名
	・平成 22 年 8 月 5 日	・TV 電話によるポーランドの小・中学生へ日本文化の紹介
	・平成 22 年 9 月 18 日	・日本の話芸（落語）披露 日本の音楽（和太鼓）披露 日本の音楽（和琴・三味線）披露 日本の舞踊（ソーラン節）披露

	・平成 22 年 9 月 28 日	・交換留学生茶道披露及び体験 ノースシドニーボーイズハイスクール（オーストラリア）20 名
	・平成 22 年 9 月 30 日	・交換留学生書道体験 ノースシドニーボーイズハイスクール 20 名
	・平成 22 年 10 月 30 日	・日本の話芸（落語）講演会（PTA 主催で三遊亭遊吉師匠による講演・解説と古典落語の披露）
	・平成 22 年 11 月 6 日	・フォーリンフォードフェア（PTA による世界の食文化体験交流・日本のおはぎを紹介）
	・平成 22 年 11 月 24 日	・日本の舞踊（ソーラン節）披露、仁川外国語高校（韓国）にて演舞
	・平成 23 年 1 月 22 日	・国際交流デー 和太鼓体験、茶道体験、書道体験、絵馬の作成
飛鳥高等学校（全日制）	・平成 22 年 6 月 1 日	・和太鼓、茶道、華道
	・平成 22 年 6 月 14 日	・和太鼓、茶道、華道
	・平成 22 年 7 月 29 日〜7 月 30 日	・和太鼓合同練習
	・平成 22 年 8 月 27 日	・和太鼓、茶道、華道
	・平成 22 年 10 月 1 日〜10 月 5 日	・韓国高校生との和太鼓合同演奏
	・平成 22 年 9 月 28 日〜10 月 7 日	・授業参加（日本の伝統・文化）
	・平成 22 年 11 月 22 日	・和太鼓、茶道、華道
	・平成 23 年 1 月 18 日〜21 日	・日本文化（書道）発表、交流
町田総合高等学校（全日制）	・平成 22 年 11 月 25 日	・日本文化授業体験（空手道、合気道、和太鼓、茶道、華道）

(注)「平成 22 年度推進校の主な取組」(『伝統・文化ニュース』第 10 号、東京都教育庁指導部指導企画課、2011) を修正のうえ収載。

イメージを抱いてもらうことに成功しており、推進校の生徒たちは、着実に日本文化の発信力を身につけてきているといえよう。

　推進校（都立国際高等学校）の教員が、総括（成果と課題）として、「推進校に指定されたことで、『発信』することの意義や日本の伝統・文化を理解し、それを通して交流することの意義を理解できたことは大きな成果である」38）と述べていることは、指導者側も、日本文化発信の意義や伝統や文化を介在させた国際交流のあるべき姿を理解できているということが分かる。

　だが、これら推進校の実践は主に高等学校での事例であり、表2から分かるように、教育課程上の位置づけは学校設定教科・科目中心であり、教育課程の全領域に広くまたがったものではない。さらに、来校した在日外国人や留学生、外国の高校の訪問団などとの歓迎・交流の場を利用して日本文化を紹介するという、「単発型」の実践にとどまっているという課題も残されている。

　東京都教育委員会は、このような課題の克服や、2020東京オリンピック・パラリンピックに向けた日本文化発信力のさらなる充実を目指し、2015（平成27）年度からは、「日本の伝統・文化の良さを発信する能力・態度の育成事業」を開始させ（2020年度まで）、管内の公立小・中学校及び特別支援学校で新たな実践が行われている。

2、　その他の自治体での実践

　東京都以外で、組織的に日本文化の発信に取り組んでいるのが兵庫県である。兵庫県教育委員会は、2006（平成18）年度に「日本の文化理解推進事業」を実施し、県立高等学校の学校設定科目（「地理歴史科」の中の科目）「日本の文化」のカリキュラム開発を行い、指導事例集である『学校設定科目　日本の文化』（兵庫県教育委員会、2007）を刊行した。

　2007（平成19）年度からは、実際に県立高等学校11校で学校設定科目「日

本の文化」の授業が始まり、現在では科目開設
校は次第に拡大してきている[39]。科目を開設し
ていない学校でも、『学校設定科目　日本の文
化』は、総合的な学習の時間や海外研修（修学）
旅行の事前研修の教材として活用されたり、他
の教科・科目で使用されている現状にあり、多
くの県立高等学校で何らかの形で、日本文化理
解教育が行われている[40]。

『学校設定科目　日本の文化』

　この学校設定科目「日本の文化」の目標には、
「日本及び自らが住んでいる地域の文化的価値
についての理解と表現を図り、世界の多様な文
化を尊重し交流することによって、国際社会に主体的に生きる自覚と資質を
養う」[41]ということが掲げられている。我が国及び地域（兵庫県）の文化的
価値についての理解と表現を図ることが第一目標であり、さらに、世界の多
様な文化を尊重し、これらと交流することが第二目標とされており、究極的
には国際社会で主体的に生きる日本人としての自覚と資質を養うことを目指
していることが分かる。即ち、我が国や地域の文化の学習が、国際文化交流
や異文化理解にも貢献するものであると捉えているのである。

　さらに、「内容の取り扱い」の個所では、その第 4 項目には「(4) 日本及び
自らが住んでいる地域の伝統・文化等を学習した内容を、積極的に発信し、
交流しようとする態度を育てるよう配慮すること。特に、世界の中の日本を
意識し、外国人に日本の文化を理解してもらえるような方法や技術等が身に
つくよう工夫すること」[42]とあって、日本文化の発信や国際文化交流ができ
る態度の育成を意図した指導を留意点として掲げている。このため、外国人
に対して、日本文化を理解してもらえるような方策を身につけさせるための
指導を工夫することが求められていることが分かる。

　学校設定科目「日本の文化」は、4 領域の内容から構成されている。それ

は、生活文化、伝統文化、地域文化、Japan Now であるが、日本文化の発信
と最も関連性があるのが Japan Now の領域である（4領域はさらに28単元に細分）。

　この領域は、「現代日本の文化的諸相を、国内外の多面的な視点から学ぶこ
とにより、日本及び自らが住んでいる地域の伝統・文化を、異なる文化的背
景を持った人々に積極的に伝え、交流しようとする態度を身に付ける」[43] こ
とが主な内容とされ、現代の日本文化に限定してはいるが、日本文化の発信
力育成を目標としていることが分かる。

　また、この領域は、「日本のマンガ・アニメ～マンガ大国日本～」、「映画・
音楽～日本映画の衝撃＆日本発・世界のメロディー～」、「世界の中の日本人
～世界からどう見られ、どう行動するのか～」、「世界の中の日本語～地球を
守る合言葉：Mottainai ～」、「日本のテクノロジー～からくり人形からロボッ
トへ～」、「日本の中の多様な文化～国際化を好む日本人～」（各 2 時間配当）[44]
の 6 単元に細分されている。

　これらの単元の中で、現代日本文化の発信の問題を直接的に考察させるこ
とを意図した単元が、「日本のマンガ・アニメ～マンガ大国日本～」であると
捉えることができる。次の表 4 は、この単元の指導例である。

表 4　日本のマンガ・アニメ　～マンガ大国日本～配当 2 時間

1　授業のねらい
日本ほど多くのマンガやアニメが制作され子どもから大人まで広く受け入れられている国はないでしょう。この単元では、マンガの原点といわれる日本の絵巻物からアニメが誕生し、発展してきた歴史をたどり、日本のマンガ・アニメを再認識することを目標とします。そしてその日本製のマンガやアニメがなぜ諸外国で評判となっているのかを考察します。時間のゆとりや目的に応じ組み合わせて授業を展開してください。 (1) 日本のマンガ・アニメの原点といわれる「絵巻物」のストーリーを伝えていく技術、表現方法、その構図や技法、伝統との共通点に興味・関心をもち、マンガの歴史について意欲的に調べることができる。　　　　　　　【関心・意欲・態度】 (2) 日本を代表するいくつかの作品を通して、そこから言葉や文化の違いの壁、原作

を伝えるむずかしさなどを考察することができる。　　　　　　　　【思考・判断】
(3) なぜ日本のマンガ・アニメが海外で評判となっているのかを資料より考察し、発表することができる。　　　　　　　　　　　　　　　　　【資料活用の技能・表現】
(4) マンガ、アニメとは何かについて理解する。　　　　　　　　　　【知識・理解】

2　授業の展開

1　漫画・マンガ・アニメ・アニメーション・ジャパニメーション
(1) マンガとアニメはどう違うのでしょう。資料1を使用し、日常使っている言葉としてのマンガやアニメの語源について調べてみましょう。

　① 「漫画」の語の起源は定かではありませんが、浮世絵で有名な江戸時代の葛飾北斎の『北斎漫画』における「漫画」の語は「戯画的な絵」という意味が強かったといわれます。「マンガ」はコマ割りにより時間を刻んでいきます。今や「manga」の綴りで、世界に通じる日本語の一つとなっています。また2006年7月アメリカで権威のあるウェブスター英語辞典に「manga」が追加されました。

　② アニメーションとは何でしょう？　日本で制作が始まった頃は、「動画」とよばれ、1950年代に「アニメーション」とよばれるようになりました。アニメの多くはマンガを原作にして、その後量産されていきます。アニメーションが欧米で放送され、現在「アニメ（anime）」という名称が日本のアニメーションとして使われるようになり、日本以外でつくられたanimation（アニメーション）と区別されています。

　③ もともとの語源は、ラテン語の「Anima」で、「アニマル（動物）」や「アニミズム（すべてのものに霊や魂が宿るという考え方）」も同じ語源からきています。動かない平面絵画に"animate（命を吹き込む）"して、生き生きとしたものに見せる、魂を入れる、という意味で「アニメーション」という言葉はできました。

(2) ジャパニメーション
　　アニメの他に「ジャパニメーション（Japanimation）」という呼び方もあります。Japan + animationからくる言葉ですが、スペルの頭が「JAP」となって蔑称ともみられる場合もあったようです。この用語は1970、80年ごろ北米で発生しよく使われたものです。

2　漫画・動画の原点　～伝統との共通点～
(1) 絵巻物はマンガ・アニメの先駆
　① 法隆寺『捨身飼虎図』は日本での「異時同図」の先駆的な作品です。同じ画面の中で別の時間が同時に表されています。(単元指導例　伝統文化「日本画」参照)
　② 平安末期から中世にかけて多く描かれた絵巻物には、躍動する人々の描写や、

　　一つ場面に同じ人物の動きを連ねて描く手法など、マンガやアニメを思わせる
　　表現が多く見られます。資料 2 を使用し、絵巻物の鑑賞の基礎知識を学びます。
　　実際に絵巻物を「紐解いて」ドラマを「繰り展げ」てみることで、その共通点
　　を見いだすことができます。縮小版の絵巻物は博物館などで購入することがで
　　きます。
　③　資料 3 は『鳥獣戯画』の一部とそこに登場するキャラクター達です。彼らを
　　登場させ（付属 DVD で加工可能）、台詞や色を塗る作業をし、自分なりのストー
　　リーを展開した作品（絵巻物や一コママンガなど）を制作してみることによ
　　って、『鳥獣戯画』とマンガとの共通点をより具体的に知ることができます。
(2) 近世から近現代　〜民衆が楽しむ時代へ〜
　①　資料 3 の『鳥獣戯画』は鳥羽僧 正 覚猷の作品であると伝えられています。古
　　代・中世の戯画作品は、肉筆で描かれ、一部の人々の鑑賞の対象とされました。
　　漫画が民衆に浸透するのは、江戸時代以降です。版画技術の発達する 18 世紀享
　　保年間、大坂に登場した誇張やデフォルメを用いた「鳥羽絵」という木版画の
　　漫画が人気を博します。その後、浮世絵で有名な葛飾北斎の『北斎漫画』など
　　を経て、G. ビゴーの時局風刺雑誌『トバエ』のように、明治期のジャーナリズ
　　ムの発展で、漫画が一つの表現形態として発表の場を得ていきます。「鳥羽絵」も
　　『トバエ』も『鳥獣戯画』の鳥羽僧正に由来するという説があります。

3　マンガ・アニメ　〜「文化」の発信のむずかしさ〜
(1) マンガ『鉄腕アトム』資料 4・5　『ヒカルの碁』資料 6 を参考にして文化の発信
　　の壁について学びます。
　①　テレビアニメは手塚治虫の『鉄腕アトム』によって本格的に始まります。そ
　　して『Astro Boy』としてアニメ輸出の先陣をきりました。その後原作マンガの
　　英訳も刊行されました。今では多くの国で翻訳版が出版されています。
　②　手塚氏は『ぼくはマンガ家』の中で、「ぼくの原作のアトムは、なにしろその
　　まま使えないのである。ゲタをはいた人物や、タタミの家なども出てくるので」
　　と述べています。資料 4 のように、同じマンガでも手塚氏のこだわりから、時
　　代とともに修正が加えられているところがあります。座卓の上のお菓子と飲み
　　物に違いがあります。左のものが初版本です。また初期の作品の飲み物は湯飲
　　み茶碗となっています。しかし、資料 5 では、ゲタ、タタミなど、日本の文化
　　をそのまま伝えていることがわかります。
　③　資料 6 は『ヒカルの碁』の日本版と海外版からの抜粋です。日本のマンガが
　　そのまま輸出されているわけではないことがわかります。微妙な表現を海外で
　　発表することのむずかしさを知ることができます。
　　〇横書きと縦書きの違いのため、日本のマンガの右開きと違い、多くの海外版
　　　では左開きに修正してあります。資料 6 の左はタイ版です。左右逆版になっ
　　　ています。右は香港版でタイトルは『棋魂』です。

○香港版『ヒカルの碁』は名前を呼ぶところが呼びすてになっています。日本語では、自然に敬称を使い分けることで、説明をすることなしに、人間関係を表していることがわかります。

④　一方『ポケットモンスター』は当初から海外に進出することを意識して制作され、サトシとピカチュウの冒険の舞台は、風土的に無国籍で、宗教的にも偏りがなく、日本語での表示が極力おさえられているといわれています。

(2) 世界のトップスター『ドラえもん』を考える。(参考文献　横山泰行『ドラえもん学』PHP 新書、2005)

①　1970 年 1 月号の雑誌で登場して以来、『ドラえもん』のマンガ・アニメは日本だけでなく、アジアの国に広く浸透しました。「豊かで平和な日常生活を映し出し、ひみつ道具で夢をかなえるドラえもんは日本の若者だけではなく、アジアの若者の夢となりつつある」といわれています。

②　しかし、欧米においては、主人公ののび太がドラえもんやひみつ道具に依存しすぎ、ドラえもんがすぐにのび太を助けてしまうという展開が、子どもの自立心を奪う、という批判もあがっています。

③　また、『鉄腕アトム』も『ドラえもん』もロボットを友好的に描いていますが、単元指導例　JAPAN NOW「日本のテクノロジー」で紹介されているように、ロボットに対する日本と西欧との文化の違いも、文化の発信を考える上で、重要な視点の一つであるといえるのではないでしょうか。

4　なぜ日本のマンガ・アニメが異なる文化の中で受け入れられているのでしょう？
　　今やマンガ・アニメは欧米だけでなく、アジアでも大変人気があります。書店でのマンガや DVD コーナーは、もはやめずらしくなく、パリではマンガ喫茶もあります。日本のマンガ・アニメの魅力はどこにあるのでしょう。資料 7 は日本のマンガ・アニメ研究著書からの抜粋です。マンガ・アニメの研究論文が増えてきたといわれますが、それらによると世界的に評判となっている要因として、「ストーリー性」「種類の豊富さ」「キャラクター」「高い技術」「日本の文化のエキゾチックさ」などがあげられています。資料を参考に考えてみましょう。さらに、これまでの学習をふまえ、外国の友人に伝えたい好きなマンガキャラクターをまず日本語で説明してみましょう。

③　発展学習のために

1　Let's Try in English
　　外国人から、「日本のアニメが大好きです。日本のアニメの誕生について教えてください」と頼まれました。英語で説明する文を書いてみよう。

2　参考文献
高畑勲『十二世紀のアニメーション』徳間書店、1999

草薙聡志『アメリカで日本のアニメは、どう見られてきたか？』徳間書店、2003
手塚治虫『ぼくはマンガ家』角川文庫、2000
スーザン・J・ネイピア『現代日本のアニメ』中公叢書、2002
3　協力機関
兵庫県立歴史博物館　宝塚市立手塚治虫記念館

(注)『学校設定科目　日本の文化』(兵庫県教育委員会、2007、104 ～ 105 頁)より収載。

　この単元では、現在、世界で注目され、日本や日本文化に興味・関心を持つ外国人を増加させる原動力となっているマンガやアニメを題材として、その歴史や諸外国で広く受け入れられている理由を理解させることが目標とされている。また、観点別評価規準の第 3 項目に、「なぜ日本のマンガ・アニメが海外で評判となっているのかを資料より考察し、発表することができる」とあり、マンガ・アニメという現代日本文化を通して、日本文化発信の在り方や難しさについても考察させることを意図していることが分かる。

　兵庫県教育委員会による日本文化発信力育成の取り組みの一端を紹介したが [45]、県立高校等学校に限定された事例であるため、管内の全校種の公立学校にも同様な実践を拡大していくことが将来的課題であると考える。

　前述した埼玉県や東広島市・島田市でも、教育委員会主導で日本文化理解教育の組織的実践に取り組んでいるが、これらの自治体での実践は、我が国の伝統や文化の理解・尊重や継承に主眼が置かれており、日本文化の発信力育成にまでは至っていない。

　これまで、国や自治体主導による日本文化の発信力育成を目指した代表的実践事例について検討してきたが、全体的に見て、十分な成果があがっているとはいえない現状にあるといえよう。つまり、自国文化のことをほとんど意識しない国際理解教育のみに問題があるのではなく、日本文化理解教育の実践の方向性にも大いに改善の余地があるといえよう。そして、日本文化の発信力育成という目標にこそ、日本文化理解教育の新たな可能性が秘められていると考えるのである。

注

1) 今次の『学習指導要領』改訂の成果の3位（32.1%）に、「伝統や文化に関する教育が充実した」ことをあげている（『日本教育新聞』2013、8、5・12　記事）。
2) 「我が国の伝統文化を尊重する教育に関する実践モデル事業実施要項」（『教育課程研究センター・生徒指導研究センター関係研究指定校等事業便覧（平成21年度）』国立教育政策研究所、2009）。
3) 同前。
4) 同前。
5) 同前。
6) 同前。
7) 全モデル校287校が、国立教育政策研究所に提出した報告書を著者が調査した結果による。
8) 「我が国の伝統文化を尊重する教育に関する実践モデル事業の研究主題等―平成17年度―」国立教育政策研究所、2005。
9) 「平成18年度　我が国の伝統文化を尊重する教育に関する実践モデル事業の研究主題等」国立教育政策研究所、2006。
10) 「我が国の伝統文化を尊重する教育に関する実践モデル事業の研究主題等―平成17年度―」。
11) 「平成18年度　我が国の伝統文化を尊重する教育に関する実践モデル事業の研究主題等」。
12) 同前。
13) 「我が国の伝統文化を尊重する教育に関する実践モデル事業の研究主題等―平成21年度―」国立教育政策研究所、2009。
14) 「地域等の課題に応じた教育課程研究事業『伝統文化教育実践研究』実施要項」国立教育政策研究所、2010。
15) 「伝統文化教育実践研究（平成22・23年度指定）」（国立教育政策研究所、2011）を著者が調査のうえ判明。
16) 「平成23年度研究成果報告書　『地域等の課題に応じた教育課程研究事業　伝統文化教育実践研究』和歌山県立向陽高等学校」和歌山県立向陽高等学校、2012。
17) 同前。
18) 東京都における「日本の伝統・文化理解教育」の詳細については、拙著『高等学校の日本文化理解教育』（風間書房、2009）を参照。
19) 東京都教育庁指導部指導企画課への現地調査による。

20）この内容の詳細については、拙著『高等学校の日本文化理解教育』を参照。

21）『東京都立学校　学校設定教科・科目「日本の伝統・文化」カリキュラム』東京都教育庁指導部、2006、6 頁。

22）同前、6 頁。

23）同前、6 頁。

24）『東京都立学校　学校設定教科・科目「日本の伝統・文化」カリキュラム』16頁。

25）『東京都立学校　学校設定教科・科目「日本の伝統・文化」カリキュラム』42〜 43 頁。

26）『伝統・文化ニュース』第 8 号、東京都教育庁指導部指導企画課、2010。

27）同前。

28）同前。

29）同前。

30）同前。

31）同前。

32）同前。

33）同前。

34）同前。

35）同前。

36）同前。

37）同前。

38）「東京都立国際高等学校　総括（成長と課題等）」（『伝統・文化ニュース』第 12号、東京都教育庁指導部指導企画課、2012）。

39）拙著『高等学校の日本文化理解教育』を参照。

40）同前。

41）『学校設定科目　日本の文化』兵庫県教育委員会、2007、2 頁。

42）同前、2 頁。

43）同前、8 頁。

44）同前、103 〜 127 頁。

45）詳細は拙著『高等学校の日本文化理解教育』を参照。

第3章
渋谷区立神宮前小学校の概要と教育活動の特色

　本書では、日本文化理解教育を基盤とした日本文化発信力育成の先駆的事例である、渋谷区立神宮前小学校の実践を直接の検討対策とするが、本章では、まず、同校（以下、特別に事情のない限り、神宮前小学校を同校と略記する）の概要と教育活動の特色を明らかにする。

第1節　渋谷区立神宮前小学校の概要と教育活動の特色

1、学校所在地の地域環境と学校の沿革

　現在、東京を訪れる外国人観光客の観光スポットの一つとして、原宿〜表参道界隈があげられるが、その一角に所在するのが同校である。学校所在地の渋谷区神宮前4丁目は、JR原宿駅から徒歩約10分に位置し、学校に隣接して大型商業施設の表参道ヒルズがあり、近辺には多くの高級ブランドショップが立ち並んでいる。このため、外国人観光客ばかりではなく、若者たちの集う街でもある。つまり、同校は首都東京の中の外国人と若者が集う街にある典型的な都心型小学校なのである。

　次の航空写真は同校周辺部を撮影したものであり、地図は学校周辺地図であるが、JR原宿駅や地下鉄明治神宮前駅・表参道駅から至近距離にあることが分かる。校名は明治神宮の表参道に位置していることに由来する。

　学校の歴史は、1930（昭和5）年4月の東京府豊多摩郡千駄谷町立第五尋常小学校の設立に遡り、2010（平成22）年には創立80周年を迎えた。開校以降、

学校周辺の航空写真

学校周辺地図

首都東京の都心部の小学校として着実な発展を遂げ、児童数も増加の一途を
たどっていった。特に、昭和 30 年代には 1000 名を超える児童数を擁する大
規模小学校であった。だが、平成に入ると、少子化の影響や校区住居者の高
齢化などを背景として、児童数は急激に減少していった。なお、現在の校舎
は、1973（昭和 48）年 2 月に完成したものである。表 1 は同校の学校史略年
表である。

校舎全景

表 1　神宮前小学校の沿革

大正12.4.15	東京府豊多摩郡穏原尋常小学校分教場として設立される。
昭和 5.4.1	独立して、豊多摩郡千駄谷第五尋常小学校と改称する。
5.4.26	開校式を挙行する。この日を開校記念日に制定する。
7.10.1	東京市千駄谷第五尋常小学校と改称する。
14.2.11	東京市神宮前小学校と改称する。
16.4.1	東京市神宮前国民学校と改称する。
18.7.1	東京都神宮前国民学校と改称する。
21.3.31	東京都原宿国民学校を合併する。
22.3.13	復興校舎 6 教室落成する。この後、校舎の改築、増築に努める。
22.4.1	東京都渋谷区立神宮前小学校と改称する。
35.10.22	創立 30 周年記念式典を挙行する。
45.4.26	創立 40 周年記念式典を挙行する。
47.4.1	校舎改築のために外苑中学校に移転する。
48.2.17	校舎の改築が竣工する。

55.10.25	創立 50 周年記念式典を挙行する。
57.8.25	校庭の全面改修工事が完了する。
平成 2.11.30	水車小屋（5 代目）の改築工事が完了する。
2.12.1	創立 60 周年記念式典を挙行する。
4.11.1	パソコン室が設置され、パソコン学習が始まる。
8.2.21	創立 65 周年記念式典を挙行する。
12.2.25	水車小屋の屋根を葺き替える。
12.11.11	創立 70 周年記念式典を挙行する。
15.6.2	全普通教室、特別教室にエアコンが設置される。
15.8.31	体育館にエアコンが設置される。
17.3.24	校庭の人工芝化工事が完了する。
19.3.31	校舎改修工事が完了する。
19.6.22	神宮前国際交流学級オープニングセレモニーを挙行する。
19.8.23	校門の改修が完了、「穏田物語」と名付ける。
20.4.1	渋谷区教育委員会より平成 20・21 年度研究推進校に指定される。 国立教育政策研究所より平成 20・21 年度我が国の伝統文化を尊重する教育に関する実践モデル校に指定される。
21.11.13	研究発表会。 国立教育政策研究所「我が国の伝統文化を尊重する教育に関するモデル校」 渋谷区教育委員会「研究推進校」。
22.3.2	屋上庭園完成庭園を「穏原空の森」、橋を「きずな橋」と名付ける。
22.10.30	創立 80 周年記念式典を挙行する。
25.3.29	東京都教育委員会より「子供の体力向上推進優秀校」として表彰を受ける。
25.4.1	渋谷区教育委員会より平成 25・26 年度研究指定校に指定される。
25.8.29	校庭人工芝張替工事が完了する。
26.12.12	研究発表会　渋谷区教育委員会「研究指定校」。

（注）『平成 27 年度　学校要覧』（渋谷区立神宮前小学校、2015）より収載。

2、学校の概要

　2015（平成 27）年 4 月時点で、児童数は 1 学年〜 3 学年は各 2 学級、4 学年〜 6 学年は各 1 学級の計 249 名であり（表 2 を参照）、教職員数は校長、副校長、教諭、養護教諭、事務職員など計 24 名である。児童数に関しては、同校の特色ある教育活動の成果として、3 学年以下は増加傾向にあることが分か

る。

　「学校の教育目標」としては、次のことが掲げられている[1]。

表 2　在籍数（平成 27.4.6 現在）

学年	男子	女子	計
1 年	33	26	59
2 年	23	22	45
3 年	30	29	59
4 年	17	12	29
5 年	16	12	28
6 年	10	19	29
合計	129	120	249

（注）『平成 27 年度　学校要覧』（渋
　　谷区立神宮前小学校、2015）よ
　　り作成。

　　国際色豊かな地域性を生かし、生命尊重・
　　人権尊重の理念を基盤とし、児童が友達、
　　教師、地域の人々との出会いやかかわり
　　を大切にしながら、楽しく真剣に学べる
　　学校づくりを目指す。また、知・徳・体
の調和を目指し、確かな学力を育成するとともに、日本の伝統・文化を
尊重し、健康な心と身体を養い、広く国際社会に貢献することのできる
心豊かでたくましい、未来社会の形成者を育成する教育を推進する。
＜学校教育目標＞
○自ら考え高め合う子
○進んで実行する子
○健康で心豊かな子
今年度は「健康で心豊かな子」を重点目標とする

　ここでは、国際色豊かという学校の地域環境を生かしながら、我が国の伝
統や文化の尊重という基盤に立脚し、広く国際社会に貢献できるような人材
の育成を目指していることが分かる。つまり、「学校教育目標」において、日本
文化理解教育に立脚した国際理解教育を行うことが明示されているのである。
　さらに、「学校の教育目標を達成するための基本方針」として、次の 6 項目
が掲げられている[2]。

　ア　思考力・判断力・表現力等の育成、学習意欲の向上や学習習慣の確立
　　を図るために、各教科等の指導時間を十分に確保する。また、各教科等

の月別計画時数を明確にして年間指導計画に基づいた指導を行い、学習
指導要領が確実に実施できるようにする。国・東京都の学力調査及び校
内学力テストの分析や校内研修、学習指導委員会を通して、教師の授業
力や資算能力の向上と指導の充実を図る。

イ　豊かな心の育成のために、人権教育・道徳教育の全体計画を基盤とし、
互いの個性を認め、思いやりの心を育てる。道徳授業地区公開講座はも
とより、週 1 回の道徳授業の充実に努める。

ウ　健やかな体・心の健康づくりのために、健康マラソン・長縄に全校で
取り組み、児童が運動する楽しさを味わえるようにする。また、食育の
推進や健全育成上の問題の未然防止や早期発見・解決のためのいじめ対
策委員会等の校内体制確立にも力を入れる。

エ　児童間の仲間意識を高められるよう縦割り班活動の工夫を行う。また、
神宮前国際交流学級、近隣の保育所・こども園・幼稚園及び中学校等と
の異校種交流、埼玉県東秩父村との交流などにも力を入れ、特色ある教
育を推進する。また、地域人材活用も積極的に行い、学校行事や地域の
行事を通して愛校心、地域を愛する心を育む。

オ　保護者・地域との連帯を図る機会を多く設け、教育活動についての情
報発信を積極的に行う。また、行事ごとの保護者アンケートや学校関係
者評価を分析し教育課程に反映させていく。

カ　地域に開かれた学校を目指し、地域・保護者交流会を年 2 回設ける。
また年 10 回程度の振替なし土曜日授業を参観授業と位置付け、地域・保
護者に本校の教育活動を積極的に公開する。

　上記の第 4 項目に、「神宮前国際交流学級」（学校近隣に所在するトルコ大使館
員の子どもたちを中心とした、4 歳〜 12 歳までの在日外国人の子ども対象のインター
ナショナルスクール、詳細は第 2 節で述べる）との交流活動のことが掲げられて
おり、同学級との国際交流活動が学校の基本方針に位置づけられて重視され

表 3　平成 27 年度　年間行事予定表

月	行　　事
4	6　　　始業式、入学式 8　　　定期健康診断 9・10　保護者会 17　　　個人面談 5/8 まで 18　　　土曜授業参観、1 年生を迎える会 21　　　全国学力・学習状況調査（6 年） 24　　　ピカピカケヤッキー大作戦（地域清掃活動） 　　　　離任式 26　　　開校記念日
5	30　　　運動会
6	2　　　体力テスト始 4　　　社会科見学（3 年） 8 〜 10　山中移動教室（4 年） 13　　　土曜授業参観、85 周年記念集会 　　　　地域・保護者交流会 22　　　水泳指導開始 25　　　社会科見学（6 年） 30　　　定期健康診断、体力テスト終
7	2　　　東京都児童・生徒の学力向上を図るための調査（5 年） 3・4　　学校公開、学校説明会 4　　　セーフティ教室、薬物乱用防止教室 7　　　東秩父村交流（5 年） 21　　　夏季休業日始 21 〜 29　夏季水泳指導 21 〜 30　夏季特別講座前期 21 〜 31　個人面談 23 〜 25　富山臨海学園（5 年） 29 〜 31　日光高原学園（6 年）
8	24・26　夏季水泳指導後期 24・27　夏季特別講座後期 29　　　夏季休業日終
9	1　　　引き渡し訓練 3・8　　保護者会 11　　　水泳指導終 12　　　土曜授業参観

	18　　社会科見学（4 年）
	25　　全校遠足
10	6　　　プラネタリウム（6 年）
	7　　　前期終業式
	プラネタリウム（4 年）
	8・9　秋季休業日
	13　　後期始業式
	16・17　学校公開、学校説明会
	20　　区陸上記録会（6 年）
	30　　社会科見学（5 年）
11	3　　　くみんの広場鼓笛パレード
	21　　学芸会
	25 ～ 12/4　ピカピカケヤッキー大作戦週間
	27　　ピカピカケヤッキー大作戦
12	11　　水車まつり
	12　　土曜授業参観
	17・18　保護者会
	26　　冬季休業日始
1	7　　　冬季休業日終
	9　　　土曜授業参観、もちつき大会
	25 ～ 2/6　書初め展
2	5　　　学校公開、ピカピカケヤッキー大作戦
	6　　　学校公開、道徳授業地区公開講座
	地域・保護者交流会
	18　　新 1 年生保護者会
	19　　保護者会（6 年）
	27　　土曜授業参観、6 年生を送る会
3	3・4　保護者会（1 ～ 5 年）
	10　　お別れスポーツ大会
	24　　修了式
	25　　卒業式
	26　　春季休業日始
備考	・安全指導（毎月 1 回）
	・避難訓練（毎月 1 回）

（注）『平成 27 年度　学校要覧』（渋谷区立神宮前小学校、2015）より作成。

図 1　平成 27 年度　校内運営組織図

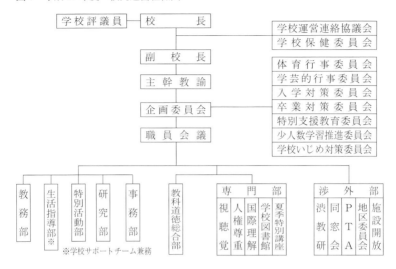

（注）『平成 27 年度　学校要覧』（渋谷区立神宮前小学校、2015）より収載。

ていることが分かる。

　表 3 は平成 27 年度の年間行事予定表であるが、前期（4 月初め～ 10 月初め）・
後期（10 中旬～ 3 月末）の 2 学期制を採用しており、校外研修や地域との交流
行事などの交流活動が多いことも分かる。

　図 1 は学校運営組織図であるが、専門部として「国際理解部」が特に設け
られており、神宮前国際交流学級などとの国際交流行事の窓口となっている。

　この神宮前国際交流学級は、神宮前小学校の空き教室の一部を借用する形
で、2007（平成 19）年 5 月に開設された。つまり、全国で他に例を見ない、
同じ校舎内に日本人の児童と外国人の児童とが同居する「同居型国際交流」
が開始されたのであった。

　図 2 は同校の校内案内図であり、校舎の 1 階部分で神宮前国際交流学級と
接続していることが分かり、グラウンドや体育館・プールは共用している。

　大都会の中の小規模小学校として存在していた同校であったが、渋谷区教

図 2　校内案内図（平成 25 年度）

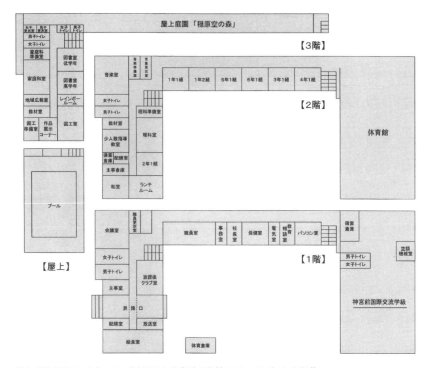

（注）『神宮前小 cafe』vol.1（渋谷区立神宮前小学校 PTA、2013）より収載。

育委員会が 2004（平成 16）年度より、管内の小・中学校に学校選択制を導入したため、大きな岐路に立たされることになった。現状でも小規模校であるうえ、校区内から校区外の小学校への入学が可能となったのである。早急に学校の特色を打ち出し、保護者に向けてその魅力を発信しなければ、存続の危機に直面することになった。渋谷区教育委員会は、競争原理の導入によって、区立小・中学校の教育活動活性化を促そうとしたのであり、保護者や地域住民から支持されない小学校は淘汰されていく運命にあった。

3、教育活動の特色

　このように、同校が大変革を迫られていた 2006（平成 18）年 4 月、その期待を託されて着任したのが川島信雄前校長（川島前校長は平成 27 年 3 月末に定年退職し、現在は後任の河村一郎校長）であった。川島校長は、地域に支持される学校作りを目指し、地域環境を生かした特色ある教育活動の先頭に立つことになったのである。

　川島前校長が、地域性を生かした特色ある教育活動の方策を模索していた 2007（平成 19）年 5 月、偶然にも、同校の空き教室の一部を借用する形で、渋谷区教育委員会の要請によって、トルコ人の子どもたち（トルコ大使館が学校近隣に所在）を中心とした神宮前国際交流学級が設置されることになった。

　渋谷区とトルコ共和国インタンブール市ウスキュダル区とは、友好都市協定を 2005（平成 17）年 9 月に締結しており、在日トルコ大使から渋谷区長に対して依頼があり、その結果、交通事情などから同校内に設置が決定したという経緯があった。

　ここに、日本で初めて、公立小学校の中に私立（設置当初は学校法人ホライゾン学園の経営）の外国人学級（幼稚園〜小学校 6 学年に該当する 4 歳〜 12 歳の子どもたちが在籍）が誕生したのであった（神宮前国際交流学級の概要については第 2 節で紹介）。川島前校長は、これを学校の教育活動の特色作りの好機と捉えたのである。

　この間の事情について、川島前校長は「歴史と伝統のある本校にも避けては通れない課題が生じた。それは児童数の減少である。現在全校児童数 140 名。かつて児童数が千人以上いたとは思えないほどの数である。平成 16 年度より実施されている学校選択制に伴い、新たなる学校づくりを明確に持ち出すことが求められるようになった。ちょうどその頃、渋谷区の教育施策の一環として国際交流学級併設の話が持ち上がってきた。そこで未来を見据えた

新たなる学校の在り方が考え出された。舞台は、世界の表参道。世界の各地から多くの人が訪れ、毎日そのような所で子供達は学んでいる。私達教師は、国際色豊かな地域を活用することができないか考えた。そこで、本校は『国際社会を生き抜く子供達の育成』を学校経営方針の根幹として考えていくことにした」3) と述べている。

　つまり、川島前校長は、「国際色豊か」という学校の地域環境に着目し、さらに、同一校舎内に外国人学級が併設されるということも重なって、国際理解教育を特色ある教育活動の中心に位置づけたのであった。世界各国から数多くの観光客が集まり、学校を一歩外に出れば、必ず外国人に出会い、さらには、校舎内に外国人の児童が「同居」するという、「国際色豊か」な地域環境を特色ある教育活動に活用しようとしたのである。

　だが、川島前校長の構想は、全国各地にありふれた国際理解教育の実践ではなかった。

　「まず、考えたのが一つの柱である『国際理解教育の推進』である。子供達が交流をしながら世界各地の文化を知ることが大事であると考えた。我々は、年に数回交流をしながら研究を進める学校ではない。毎日、細く長く共に生活をしていかなければならない。そういう意味では、まさに同居型国際理解教育かもしれない。まず、子供同士の交流が少しずつ話し合われた。ごく自然な形で、時程の調整から始まった。『細く、長く』を合い言葉に、休み時間を合わせ、遊ばせることから交流し始めた」4) と川島前校長が述べているように、特別ある教育活動の柱に「国際理解教育の推進」を据え、神宮前国際交流学級の子どもたちとの日常的な校内国際交流から始めていったのである。

　まず、同校と神宮前国際交流学級との教職員の交流から始めていき、その後、子ども同士の交流へと進めていった。授業時間帯を調整して休み時間を合わせて、ごく自然な形でグラウンドで一緒に遊ばせることから始め、運動会、全校遠足、音楽会、学芸会などの行事に、神宮前国際交流学級の子どもたちに参加してもらうことによって交流を深めていったのである。教育課程

では、生活科と総合的な学習の時間を中心に、適宣、交流活動を取り入れていった。

　校内国際交流を進めていくと、川島前校長にはさらに新しい構想が浮かんできた。これについて、「しかし、『国際理解とは何か』と問われたら、どうしても自国理解の道が見えてきたのである。自国の文化を理解せず、どうして国際人として生きていくことができるだろうか。日本の文化を理解してこそ、大切にされてきた共通した心が分かってくる。そして、自国を知っている子供は他国に伝わる文化も大切にしていくはずである。このように、もう一つの柱である『伝統文化活動の推進』ができあがったのである」[5] と述べている。国際理解や国際交流の前提として、我が国の伝統文化を系統的・計画的に教育する必要が不可欠であると考え、特色ある教育活動を支えるもう一つの柱に「日本伝統文化活動の推進」ということを据えたのであった。

　つまり、確固たる日本文化理解教育を基盤とした国際理解教育が、同校の教育活動の特色として位置づけられることになったのである。

　このような折、2008（平成20）年度〜2009（平成21）年度にかけて、国立教育政策研究所による「我が国の伝統文化を尊重する教育に関する実践モデル事業」のモデル校に指定され、さらに、渋谷区教育委員会研究推進校にも指定され（平成25年度〜26年度にも渋谷区教育委員会研究指定校に選定されている）、本格的に実践研究に取り組むことになった。

　表4は平成21年度の学校経営方針を示したものであり、表5は平成27年度の学校経営方針を示したものである。川島前校長による特色ある教育活動の2本の柱が、河村校長にも継承されていることが分かる。

表 4　平成 21 年度　学校経営方針

【渋谷区立神宮前小学校】

国際社会を生き抜く子供達の育成

平成 20・21 年度　国立教育政策研究所
我が国の伝統文化を尊重する教育に関する実践モデル事業指定校

平成 20・21 年度　渋谷区教育委員会研究推進校

国際理解教育の推進

日本伝統文化活動の推進

神宮前小学校教育目標
・自ら考え行う子ども
・心豊かな子ども
・健康で実行する子ども

表5　平成27年度　学校経営方針

第 2 節　神宮前国際交流学級の概要

1、設置の経緯

　同校の国際理解教育の最大の特色は、神宮前国際交流学級との「同居型国際交流」による日本文化の発信にあるといえる。

　平成 17 年 9 月 5 日、当時の渋谷区長がトルコ共和国イスタンブール市ウスキュダル区に赴き、友好都市協定を締結した。帰国した渋谷区長は同協定締結に際して在日トルコ大使から受けた配慮への返礼として、9 月 20 日に大使館を訪問した。その際、トルコ大使から、トルコ人の子どもたちのための教育施設の提供についての協力要請を受けた。この後、渋谷区長の指示によって、渋谷区教育委員会は様々な検討を重ね、平成 19 年 5 月 1 日より学校法人ホライゾン学園に対して同校の空き教室の無償使用許可を出すに至った。渋谷区としては、トルコ共和国との親善やウスキュダル区との友好を推進するために公共性があると判断した結果であった。学校法人ホライゾン学園は、HJIS（ホライゾンジャパンインターナショナルスクール）の名称でインターナショナルスクールを運営しており、従来は横浜校のみであったが、以上のような経緯で東京にも開校することになったのが、神宮前国際交流学級であった[6]。なお、平成 22 年 4 月 1 日からは、民間事業者であるホライゾン学園に替わって、特定非営利活動法人国際交流学級（NPO 法人国際交流学級）が経営主体となっている。

2、教育活動の概要

　在籍児童のグレードは、Kindergarten（幼稚園に相当、4〜5 歳児）、Grade 1
（小学校 1 学年に相当）、Grade 2（小学校 2 学年に相当）、Grade 3（小学校 3 学年に
相当）、Grade 4（小学校 4 学年に相当）、Grade 5（小学校 5 学年に相当）、Grade 6
（小学校 6 学年に相当）の 7 段階である。

　平成 27 年 3 月時点で、総在籍数は 58 名であるが、そのグレード別及び男
女別・国籍別の人数は表 6 の通りである。

　トルコ人の子どもたちが 29 名と全在籍者の半分を占めていることが分か
るが、他は様々な国籍の者がおり、中には両親の一方が日本人の者もいる
（両親とも日本人の場合は入学できない）。

表 6　在籍児童数一覧（平成 27 年 3 月調査）

Grade	在籍人数	男女別人数	国籍別人数
kinder garten	19	13・6	トルコ 6、韓国 2、アメリカ 2、オーストラリア 2、ドイツ 2、イギリス・フランス・メキシコ・アゼルバイジャン・ウズベキスタン各 1
Grade 1	10	4・6	トルコ 6、アメリカ・韓国・イスラエル・クウェート各 1
Grade 2	11	5・6	トルコ 4、アメリカ 4、韓国 2、イギリス 1
Grade 3	6	2・4	トルコ 2、アメリカ・カナダ・ニュージーランド・クウェート各 1
Grade 4	8	5・3	トルコ 7、イギリス 1
Grade 5	2	女子のみ 2	トルコ 2
Grade 6	2	女子のみ 2	トルコ 2
合計	58	29・29	トルコ 29、アメリカ 8、韓国 5、イギリス 3、ドイツ 2、オーストラリア 2、クウェート 2、フランス・メキシコ・アゼルバイジャン・ウズベキスタン・イスラエル・カナダ・ニュージーランド各 1（多い順）

（注）神宮前国際交流学級への現地調査により作成。

　また、教員数は 11 名であるが、国籍別では、トルコ 3 名、アメリカ 4 名、オーストラリア・ニュージーランド・アゼルバイジャン・日本各 1 名であり、男性 7 名・女性 4 名である [7]。

　ウル＝ケナン校長（トルコ人、夫人は日本人、日本の永住資格を有する）は、「日本の小学校内にわが校を設置する目的は、これらの学校に関わる児童、スタッフ、コミュニティ間の結束を高め、活気を与えるところにあります。それらがもたらす効果は、わが校の児童は日本の児童と交流を持つチャンスができ、日本の小学校の行事や文化に触れることで様々な経験をすることができます」（著者の訳による）[8] と述べ、神宮前国際交流学級に学ぶ最大のメリットとして、日本人の児童との交流や日本の小学校の行事や文化に触れることができる点をあげている。即ち、ケナン校長は、インターナショナルスクールではあっても、日本社会から隔絶しているのではなく、日本人の小学生との交流ができ、日本文化に触れる機会が多いことを同学級の最大の特色としてピーアールしているのである。このことは校名に「INTERNATIONAL EXCHANGE」という言葉が冠せられていることからも分かる。

　次の英文資料は、神宮前国際交流学級の学校案内である。

　これによって、主な教育活動について紹介していくことにする。

　神宮前国際交流学級の「Vision」として「われわれの理念は、世界平和に貢献できる情熱、独立性、高いモチベーションを持つ学習者を育てることです」（著者の訳による）[9] ということを掲げ、「Mission」としては「われわれの使命は、学術、社会、個人の成功を後押しする情熱を育てる多様性を持った環境を提供することです」（著者の訳による）[10] ということを掲げている。

　また、「Educational Philosophy」として、「①生涯学習者を育むこと、②学術的、芸術的、社会的、そして肉体的にバランスを取ること、③よく質問し、問題解決に対応できること、④複数の文化に対応できること、⑤国際市民として徳義と責任感を有すること、⑥ローカル地域に感謝できること」（著者の訳による）[11] の 6 点を掲げている。

JINGUMAE INTERNATIONAL
EXCHANGE SCHOOL

Kindergarten- Grade 6
Primary School

〈p.1〉

WELCOME TO JINGUMAE INTERNATIONAL EXCHANGE SCHOOL

It is my pleasure to introduce you to Jingumae International Exchange School (JIES). We are founded in 2007, and conveniently situated behind the Omotesando Hills complex in Shibuya-ku. Classes from Kinderfarten to age 12 members of our dynamic school community represent over 15 different nationalities which give us a great emphasis on internationalism, making JIES a stimulating place for all involved.

I believe one of the things that make JIES special is the fact that it is a wholly unique school. We are the only school in Japan to be set up as part of a pioneering project, in which an international primary school catering to the international community operates alongside a Japanese state elementary school. The purpose of this is to encourage and develop unity between the students, staff and communities connected to these schools. This unification means many things for our students: having the chance to develop friendships with their peers at the state school, gaining valuable experience participating in numerous large scale activities and Japanese cultural events, plus making use of the impressive shared facilities that exist between the two schools.

As an IB PYP candidate school we offer a comprehensive education that incorporates the five essential elements of the IB/PYP program (Knowledge, Skills, Attitudes, Conceptual Understanding, and Action). The JIES mission and education philosophy promote the balance of acquiring knowledge and conceptual understanding, developing skills and promoting positive attitudes and attributes that will contribute to every students' capability to be inspired life long learners . The students' action is represented in our vision statement that will guide them to be global learners who contribute towards world peace. On top of this, classes are timetabled with Japanese lessons which, depending on the ability of the individual, follow Kokugo (Japanese as a Native Language) or JAL (Japanese as an Additional Language).

JIES is considered to be a community of learners. It is fortunate to have teachers and students from all over the world, resulting in a multicultural and diverse learning community. We celebrate our diversity not only in our regular class activities, but also by hosting an International Children's Festival every year. Teachers design learning activities which empower students' academic achievement and personal passion for life-long learning. Social development is a high priority at JIES, and our mixed age group After-School Program activities promote interaction among children of different ages.

〈p.2〉

All lessons, activities, and school events are designed based on our students' culture, beliefs, and background. Our unique cultural features are respected and celebrated in order to encourage understanding and appreciation of diversity. The result is a challenging, non-discriminatory learning environment which is responsive to the needs of its learners. Teachers plan lessons and learning activities based on students' needs.

A high teacher-to-student ratio allows us to know our students well and differentiate instruction to best help each child achieve his or her learning, personal, and social goals. Each student is respected as an individual with different strengths and interests. The JIES learning community includes representatives from a wide variety of backgrounds.

Events like Japanese Culture Day and our participation in Jingumae Elementary School's Annual Sports Festival encourage respect and appreciation for other cultures and our local community in Tokyo. The JIES learning community is based on mutual respect and open communication between staff, parents, and students. Our parents cooperate in many aspects of school life, such as volunteering to enhance our library and media centre, accompanying classes on field trips and holding fundraisers like the bake sale and bazaar for International Children's Day.

This prospectus aims to give you a better insight into the fantastic work we do here at Jingumae International Exchange School. I hope to welcome you to our school in the near future.

Kenan Ulu
Principal

Vision

Our vision is to foster passionate, independent, highly-motivated learners who actively contribute to world peace.

Mission

Our mission is to provide a multicultural learning community which nurtures passion for academic, social, and personal success.

Educational Philosophy

JIES aims at educating each of its students to be:

- inspired and independent life-long learners.
- academically, artistically, socially, and physically balanced.
- inquirers and problem-solvers.
- multilingual communicators.
- responsible and principled internationally-minded citizens.
- appreciative of our local community.

〈p.4〉

International Exchange Program

Unique to Japan, JIES has an opportunity to share facilities with a public elementary school. The two schools hold various international exchange activities so that both Japanese students and JIES's international student body have a chance to develop a better understanding of one another.

Campus

JIES' campus is located in Shibuya in the lively area beside Omotesando Hills. The campus and its learning environment have the qualities of ease of access and quietness despite its proximity to a busy shopping hub. The large playground, gym, and swimming pool meet the needs of our budding young learners.

〈p.5〉

Admissions

JIES provides education for students from the age of three through grade six. Our current policy means that we are unable to accept applications of students whose parents are both Japanese. We also have a policy whereby the maximum class size is limited at twelve students.

School Bus

The school provides bus services for students who live in the broader Tokyo area. This allows us to provide a secure and convenient mode of transport for our families. The school will consider new bus routes once new enrolments demonstrate that need.

〈p.6〉

PYP Curriculum Framework
Language

Oral Language-Listening and Speaking

　Listening and speaking are natural, developmental processes that infants and young children are immersed in from their earliest experiences. Almost all children arrive at school with an impressive command of their mother-tongue language. However, the expectations and approach to language development in school is often very different from the successful learning environment the child has previously experienced. In the transition from home to school, or from one school to another, it is important to acknowledge the language profile of the individual and build on previous learning in ways that are positive and productive.

　Oral language encompasses all aspects of listening and speaking— skills that are essential for ongoing language development, for learning and for relating to others. Listening (the receptive mode) and speaking (the expressive mode) work together in a transactional process between listeners and speakers. A balanced programme will provide meaningful and well-planned opportunities for learners to participate as listeners as well as speakers.

〈p.7〉

Listening involves more than just hearing sounds. It requires active and conscious attention in order to make sense of what is heard. Purposeful talk enables learners to articulate thoughts as they construct and reconstruct meaning to understand the world around them. Oral language involves recognizing and using ed at home, the language of the classroom, the language of play, the language of inquiry, conversations with peers, giving instructions, interpreting creative texts, the language of fantasy, the language of different certain types of language according to the audience and purposes (for example, the language usgenerations, of different times and places).

In an inquiry-based learning environment, oral language exposes the thinking of the learner. It is a means by which "inner speech" (Vygotsky 1999) can be communicated and shared to negotiate and construct meaning and develop deeper levels of understanding.

〈p.8〉

Visual Language – Viewing and Presenting

Viewing and presenting are fundamental processes that are historically and universally powerful and significant. The receptive processes (viewing) and expressive processes (presenting) are connected and allow for reciprocal growth in understanding; neither process has meaning except in relation to the other. It is important to provide a balanced programme with opportunities for students to experience both viewing and presenting. These processes involve interpreting, using and constructing visuals and multimedia in a variety of situations and for a range of purposes and audiences. They allow students to understand the ways in which images and language interact to convey ideas, values and beliefs. Visual texts may be paper, electronic or live, observable forms of communication that are consciously constructed to convey meaning and immediately engage viewers, allowing them instant access to data. Examples of visual texts are: advertisements, brochures, computer games and programs, websites, movies, posters, signs, logos, flags, maps, charts, graphs, diagrams, illustrations, graphic organizers, cartoons and comics. Learning to interpret this data, and to understand and use different media, are invaluable life skills.

Acquiring skills related to information and communication technology (ICT) and visual texts is significant because of their persuasive influence in society. It is important to learn how visual images influence meaning and produce powerful associations that shape the way we think and feel. Opportunities that invite students to explore the function and construction of images facilitate the process of critically analysing a range of visual texts. Learning to understand and use different visual texts expands the sources of information and expressive abilities of students.

Written Language-Reading

Reading is a developmental process that involves constructing meaning from text. The process is interactive and involves the reader's purpose for reading, the reader's prior knowledge and experience, and the text itself. It begins to happen when the young learner realizes that print conveys meaning and becomes concerned with trying to make sense of the marks on the page. The most significant contribution parents and teachers can make to success in reading is to provide a captivating range of picture books and other illustrated materials to share with beginning readers. Enthusiasm and curiosity are essential ingredients in promoting the desire to read. Children of all ages need to experience and enjoy a wide variety of interesting, informative, intriguing and creative reading materials.

〈p.9〉

Reading helps us to clarify our ideas, feelings, thoughts and opinions. Literature offers us a means of understanding ourselves and others, and has the power to influence and structure thinking. Well-written fiction provides opportunities for learners to imagine themselves in another's situation, reflecting on feelings and actions, and developing empathy. The ability to read and comprehend non-fiction is essential for the process of inquiry. As inquirers, learners need to be able to identify, synthesize and apply useful and relevant information from text. Teachers should provide a balance between fiction and non-fiction, to meet the range of learning needs and interests of their students.

Children learn to read by reading. In order to develop lifelong reading habits, learners need to have extended periods of time to read for pleasure, interest, and information, experiencing an extensive range of quality fiction and non-fiction texts. As learners engage with interesting and appealing texts, appropriate to their experiences and developmental phase, they acquire the skills, strategies and conceptual understanding necessary to become competent, motivated, independent readers.

Written Language-Writing

Writing is a way of expressing ourselves. It is a personal act that grows and develops with the individual. From the earliest lines and marks of young learners to the expression of mature writers, it allows us to organize and communicate thoughts, ideas and information in a visible and tangible way. Writing is primarily concerned with communicating meaning and intention. When children are encouraged to express themselves and reveal their own "voice", writing is a genuine expression of the individual. The quality of expression lies in the authenticity of the message and the desire to communicate. If the writer has shared his or her message in such a way that others can appreciate it, the writer's intention has been achieved. Over time, writing involves developing a variety of structures, strategies and literary techniques (spelling, grammar, plot, character, punctuation, voice) and applying them with increasing skill and effectiveness. However, the writer's ability to communicate his or her intention and share meaning takes precedence over accuracy and the application of skills. Accuracy and skills grow out of the process of producing meaningful communication. Children learn to write by writing. Acquiring a set of isolated skills will not turn them into writers. It is only in the process of sharing their ideas in written form that skills are developed, applied and refined to produce increasingly effective written communication.

〈p.10〉

Mathematics

Students acquire mathematical understanding by developing their own conceptual understanding through high level thinking skills. Since mathematics is to be used in real-life situations, mathematics needs to be taught in authentic contexts, instead of by directly teaching knowledge to students. Students investigate the following 5 strands to develop their conceptual and practical understanding:

- Number
- Shape and Space
- Pattern and Function
- Measurement
- Data handling

Number
Students will read, write, estimate, count, compare and order numbers to 1000, extending understanding of the base 10 system to the thousands. They will read, write and model multiplication and division problems. They will use and describe multiple strategies to solve addition, subtraction, multiplication and division problems, reasonably estimating the answers. They will compare fractions using manipulative, and develop appropriate mathematical vocabulary.

Shape and Space
Students will sort, describe and model regular and irregular polygons, including identifying congruency in 2-D shapes. They will combine and transfer 2-D shapes to create another shape. They will identify lines and axes of reflective and rotational symmetry, understand angles as a measure of rotation and locate features on a grid using coordinates.

Pattern and Function
ize, describe and analyze patterns in number systems. They will identify patterns and rules for multiplication and division, together with their relationship with addition and subtraction. They will model multiplication as an array and use number patterns to solve problems.

〈p.11〉

Measurement

Students will estimate, measure, label and compare length, mass, time and temperature using formal methods and standard units of measurement. They will determine appropriate tools and units of measurement including the use of small units of measurement for precision (cm, mm, °C). They will also estimate, measure, label and compare perimeter and area, using non-standard units of measurement. Students will model the addition and subtraction of money and be able to read and write time to the minute and second.

Data Handling

Students will discuss, compare and create sets that have subsets; design a survey; and process and interpret the data on a bar graph where the scale represents larger quantities. They will manipulate information in a database. They will find, describe and explain the mode in a set of data and will use probability to determine the outcome of mathematically fair and unfair games.

Social Studies

In the PYP, social studies is considered as the study of people in relation to their past, present and future; their environment and society. It triggers curiosity and develops an understanding of a rapidly changing world. Students develop their individual and socio-cultural identities through social studies, as well as the skills and knowledge required to participate actively in their classroom, JIES community and the world. Our purpose is to provide students with authentic learning tasks to understand of the world around them, historical and geographical influences and the changing role of individuals in different contexts.

Social studies strands

Human systems and economic activities: The study of how and why people construct organizations and systems; the ways in which people connect locally and globally; the distribution of power and authority.

Social organization and culture: The study of people, communities, cultures and societies; the ways in which individuals, groups and societies interact with each other.

〈p.12〉

Continuity and change through time: The study of the relationships between people and events through time; the past, its influences on the present and its implications for the future; people who have shaped the future through their actions.

Human and natural environments: The study of the distinctive features that give a place its identity; how people adapt to and alter their environment; how people experience and represent place; the impact of natural disasters on people and the built environment.

Resources and the environment: The interaction between people and the environment; the study of how humans allocate and manage resources; the positive and negative effects of this management; the impact of scientific and technological developments on the environment.

Science

Students develop approaches to learning in all subjects in PYP. Science also provides opportunities for students to develop their scientific skills and processes listed below.

- Observe carefully to gather data.
- Use a variety of instruments and tools to measure data accurately.
- Use scientific vocabulary to explain their observations and experiences.
- Identify or generate a question to identify problem to be explored.
- Plan and carry out systematic investigations, manipulate variables as necessary.
- Make and test predictions.
- Interpret and evaluate data collected in order to draw conclusions.
- Consider scientific models and applications of these models(including their limitation.

〈p.13〉

Science strands

Living things: The study of the characteristics, systems and behaviours of humans and other animals, and of plants; the interactions and relationships between and among them, and with their environment.

Earth and space: The study of planet Earth and its position in the universe, particularly its relationship with the sun; the natural phenomena and systems that shape the planet and the distinctive features that identify it; the infinite and finite resources of the planet.

Materials and matter: The study of the properties, behaviours and uses of materials, both natural and human-made; the origins of human-made materials and how they are manipulated to suit a purpose.

Forces and energy: The study of energy, its origins, storage and transfer, and the work it can do; the study of forces; the application of scientific understanding through inventions and machines.

Arts

In the PYP, arts encompass dance, drama, music and visual arts. Students are encouraged to consider the arts as a means of communication and as an expressive language. PYP believes that learning about and through arts is fundamental to the development of the whole child, promoting creativity, critical thinking, problem-solving skills and social interaction. The arts develop innovative thinking and creative use of technologies, and in so doing prepare students to participate fully in this multifaceted world.

Arts strands

- Responding
- Creating

〈p.14〉

Personal, Social and Physical Education

PSPE in the PYP is concerned with the individual's well-being through development of concepts, knowledge, attitudes and skills. Well-being is related to all aspects of a student's experience at school and beyond. It involves physical, emotional, cognitive, spiritual and social health and development, and contributes to an understanding of self, to developing and carrying out relationships with others, and to participation in an active, healthy lifestyle.

Physical Education (PE)

Physical education in a PYP school should be more than just student participation in sports and games. Its purpose should be to develop a combination of transferable skills promoting physical, intellectual, emotional and social development; to encourage present and future choices that contribute to long-term healthy living; and to understand the cultural significance of physical activities for individuals and communities. Therefore, in the PYP, there should be specific opportunities for learning about movement and through movement in a range of contexts.

Personal and Social Education (PSE)

Personal and Social Education (PSE) in the PYP provides the models, processes and values for handling social and personal issues and ensuring health and well-being. Through PSE, students will develop their self-identity, use appropriate social skills when interacting with others in a range of situations, and learn to communicate and manage their feelings, emotions and opinions. PSE is integrated into all areas of the curriculum and helps students develop positive attitudes and behaviors in order to meet challenges, make healthy lifestyle choices and serve as responsible, respectful members of society.

〈p.15〉

Typical Day in Kindergarten- Grade 6 Primary School

Hello and welcome to the JIES Primary School. We would like to tell you how we spend a day at school and the activities we do here.

We arrive at school after 8:15 a.m. in the morning. Some of us come with parents, some on their own, and others with a teacher on the school bus. We are always welcomed by a teacher at the school gate.

When we enter the school we change into our indoor shoes, put our bag packs into our classroom and then go to the playroom for whole school assembly. We line up at the playroom at 8:30, show good manners and listen to the teachers for announcements. We can ask questions if we have any.

8:40 is a time for morning meetings where we greet our peers, do a calendar activity, talk about the day's activities, and have sharing time. It really helps us wake up and concentrate for the day ahead of us.

Regular classes start at 8:50 a.m. as two 40-minute-periods without a break in between. We have a snack recess after the second period. Our school asks all the students to have a snack.

After another three periods, and a 40-minute lunch break follows at 12:40. We eat our lunches that we bring from home; it is good to ask your mom to prepare food you like really. We take the rest of our time to enjoy running, jumping and playing with friends at the playground.

After enjoying the recess time outside we have a 20 minutes reading time where we can keep reading our favourite books or look for some new books in the library to take home. Then there are two more periods where we need to study. Time passes quickly and we finish a regular day with a short afternoon meeting between 3 p.m. and 3:15. Then we are dismissed by our teachers either to another teacher for After School Activities (or supervision when there is no ASP), or to return home.

〈p.16〉

Between 3:20 and 4:00, we have After School Programs: Something we look forward to on certain days! Our teachers organize enjoyable extracurricular activities which we love having with students from other classes. We have a number of ASP options to choose among; some of us want to do sports activities where some others choose arts, music, or computer related programs.

Well, it has been a long day and we leave the school at 4:10 but only to gain more energy at home to spend on another enjoyable day at school!

Primary School Kindergarten- Grade 6	
08:15-08:25	Students Arrive
08:25-08:50	Morning Meeting
08:50-09:30	Period 1
09:30-:10:10	Period 2
10:10-10:25	Snack
10:25-10:45	Snack Recess
10:45-11:25	Period 3
11:25-12:05	Period 4
12:05-12:45	Period 5

12:45-13:00	Lunch
13:00-13:20	Lunch Recess
13:20-13:40	Guided Reading
13:40-14:20	Period 6
14:20-15:00	Period 7
15:00-15:15	Afternoon Meeting/ Cleaning
15:15-15:20	Dismissial
15:20-16:00	After School Programs
16:00-16:10	Dismissial
16:10	Buses Depart

⟨p.17⟩

Language Philosophy

Language plays an important role in all learning areas. All JIES teachers play an essential role in facilitating the acquisition of language. Language development is an ongoing process. Language is reinforced in multiple ways, including technically, practically, and as a medium of instruction.

Language is the major connecting element across the curriculum. Although English is the main language of instruction, systems are in place to encourage the support and development of all other languages used by students.

Individualized Instruction

Thanks to the small class sizes at JIES, our students are given the benefit of having instruction geared towards their specific needs. In addition to the regular whole-class activities, our teachers frequently use small-group and individual instruction. This ensures not only that the grade level curriculum needs are met but that each individual student's needs are met, whether the need is support or extension. This reinforces our belief that each child must be treated as an individual, taking into account his or her own strengths and needs.

〈p.18〉

Assessment Philosophy

Jingumae International Exchange School believes that the written, taught and assessed curricula are interdependent. Assessment is an important tool to evaluate what students know and can do. Therefore, it is essential to determine when, how, and what to assess for planning, teaching, and learning.

Teachers use a wide range of strategies and tools to assess students learning and maximize their potential within their "zone of proximal development". Jingumae International Exchange School promotes internationally minded students who understand concepts, acquire knowledge, take action, and master their attitudes and skills. It is important for the whole school community to understand the importance of assessment, what it is being assessed, and the criteria for success.

Assessment is used to screen the students' progress, achievement, and effort. It is also utilized to adapt the curriculum, and differentiate planning accordingly.

Interactive Whiteboards (IWBs)

At JIES we actively keep up to date with current teaching trends and methods. Linked with this we have installed Interactive Whiteboards (IWBs) as a valuable educational tool in all of our classrooms. We believe that as citizens of tomorrow our students should have as much opportunity to experiment and become acclimatized with differing forms of technology and using these whiteboards allow us many opportunities to incorporate elements of ICT into our everyday curriculum.

〈p.19〉

Extra-Curricular Activities

Extra-curricular activities are an important part of our school program. Since a good education is about a good balance, we offer students the opportunity to enrich their life after school with a wide range of activities.

Summer School

The JIES Summer School Program is designed for students to enjoy fun and exciting activities in the educationally stimulating environment of an international school. It is also a great chance for new and potential students to get acclimated to the school environment and facilities as well as meet and work with members of the teaching and administrative staff. As summer school days are timetabled at a similar pace to regular school days at JIES, it allows new students to get used to the feel of a normal JIES school day. This is useful because it then puts them in an excellent position ready to learn with their new peers at the beginning of the academic year.

〈p.20〉

After School Programs

One of our most distinctive qualities is the caring approach that respects the individuality of each and every student. After-school activities ensure that students have the opportunity to pursue outside interests, develop new skills, and socialize with their friends. After school programs also contribute to raising children's self-confidence as well as academic performance. Students develop better social skills and learn to handle conflicts in socially acceptable ways.

After school programs at JIES are challenging and fun. A range of programs are offered in each term. Programs typically include the following activities: music with keyboards, computer activities, karate, dance, soccer, ball games, table tennis, and Lego robot building. We also offer many hands-on programs such as art, origami, drawing, calligraphy, and cooking. For academic enrichment, we offer language clubs and English tutoring for students who need extra support.

〈p.21〉

Exchange Activities

JIES and the neighbouring Japanese state school, Jingumae Elementary, operate as separate teaching establishments, but we maintain a special relationship which is unique to all international schools in Japan. This special link that exists between the two schools manifests itself in many different benefits for both our staff and students. Staff from both schools gain the invaluable experience of learning about the educational systems followed in different countries. While, both sets of students have the fantastic opportunity to socialise with each other every day, as well as learning about each other's cultures allowing them to develop new and diverse friendships. The close relationship that our students hold with their peers at Jingumae Elementary School is also advantageous in helping them develop Japanese language skills. Competent speakers are given the chance to converse with more children of their own age, while learners of Japanese can practice their new speaking skills in real life situations which is integral to their learning of the language.

Features of the exchange program include:

Frequent Exchange Activities

Throughout the year, both schools mix their students into small groups and take part in a variety of activities that are often tied to Japanese culture. These include: Motchizuki Taikai (making and eating mochi), Pikapika Keyyaki (learning respect for the local environment by working together to keep it clean) and individual craft/cultural activities with the same age year groups. Children from both schools interact daily as they share their playtimes together in the same playground too.

〈p.22〉

Shared Facilities

Facilities at Jingumae Elementary School are used by students at JIES. This includes the use of the large playing field for morning and afternoon playtimes, use of the gymnasium for P.E. lessons and school performances and joining the schools together for swimming lessons in the outdoor pool during the summer.

Shared School Events

Both JIES and Jingumae Elementary School celebrate a variety of important school events with each other such as Undokai (a large scale sports day) and a school festival.

Annual School Trip

Every year in the summer, both schools enjoy a school trip together in which the children have a further chance to reinforce their friendships.

〈p.23〉

School Events

Ideally, education is a partnership between the school, the home, and the community. JIES wishes to strengthen the bonds among individuals and organizations that contribute to the education and welfare of our students and facilitate meaningful involvement between community members and the school for the benefit of our students.

Family-community involvement is a critical link to fostering positive attitudes and behavior, a more successful academic program, and a more effective school. JIES plays a key role in encouraging and supporting efforts by families and the community to take an active role in our school. Currently, we have a very active PTA supporting the programs and organization of the school. They provide a very positive link to the wider school community, another important communication channel for the school.

We endeavor to guide parents in appropriate ways to assist their children with their intellectual and social development. School events are the primary tool by which parents and the wider school community are involved in the school life. Throughout the school year we have various school events to enrich the school lives of our students. JEIS strives to achieve a high level of parental and community involvement in school events.

⟨p.24⟩

School Events

Exchange Activities
Shibuya Peace Day
Health Day
Family Picnic
Parents' Morning
Parent- Teacher- Student Conference
Celebration of Learning (6 times in a year)
Japanese Culture Day
Literacy Week
Numeracy/ Science Week
International Children's Festival
Family Fun Day
Sports Festival (Undokai)
Student-Led Conference

⟨p.25⟩

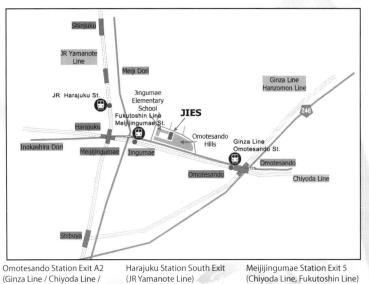

Omotesando Station Exit A2
(Ginza Line / Chiyoda Line /
Hanzomon Line)

Harajuku Station South Exit
(JR Yamanote Line)

Meijijingumae Station Exit 5
(Chiyoda Line, Fukutoshin Line)

JINGUMAE INTERNATIONAL
EXCHANGE SCHOOL

JIES International School
〒150-0001東京都渋谷区神宮前4-20-12
4-20-12 Jingumae, Shibuya-ku, Tokyo
Tel:03-5413-6090 / Fax:03-5413-2020
Email:shibuya@jies.jp
www.jies.jp

〈p.26〉

　さらに、「International Exchange Program」として、「日本での特徴は、実際に日本の公立小学校の校舎を共有することにあります。日本の公立小学校に通う小学生と JIES に通う小学生が交流を持つことで、他方に対する理解を深めます」（著者の訳による）12) として、日本の公立小学校内に「同居」していることを特色にあげている。

　これを受け、「Exchange Activities」として、「JIES は日本の公立学校である神宮前小学校に隣接する形で設立され、個別の指導施設として機能するが、われわれは日本のインターナショナルスクールの中でもユニークで特別な関係を維持しています。両校の間に存在するこの特別なリンクは私たちのスタッフと児童の両方のための多くの異なった利点となって現われます。両校のスタッフは、さまざまな国の教育システムについての貴重な学習の経験を積みます。一方、両校の子供たちは、毎日お互いに素晴らしい交流の機会を持っているだけでなく、様々な友達を作ることができ、お互いの文化について学習します。神宮前小学校の仲間との密接な関係は、彼らが日本語の能力を開発するうえでも有利です。才能あるスピーカーは、日本語を習得するのに不可欠な実践の場で、新しいスピーキングスキルを練習することができますし、自分の年齢と同じ子供たちとより多くの会話をする機会が与えられています」（著者の訳による）13) として、他のインターナショナルスクールとは異なり、日本人児童との「同居型国際交流」ができるというメリットを述べている。

　学期は、1 学期（9 月〜12 月）、2 学期（1 月〜3 月）、3 学期（4 月〜6 月）の 3 学期制を採用している。カリキュラムは、「Kindergarten」については、① 人格・社交性・感性の発達、②コミュニケーション・言語と文学、③問題解決能力・論理と数量的思考能力、④国際理解、⑤身体的発達、⑥創造力の発達という、六つの学習段階に分けて授業を行っている 14)。

　「Grade 1 〜 6」については、イギリスの小学校のカリキュラムに準拠して、英語・算数・理科・社会（地理・歴史・公民）・美術・音楽・体育・コンピュー

表 7　神宮前国際交流学級の児童の校時表

Primary School Kindergarten-Grade 6	
08:15-08:25	Student Arrive
08:25-08:50	Morning Meeting
08:50-09:30	Period 1
09:30-10:10	Period 2
10:10-10:25	Snack
10:25-10:45	Snack Recess
10:45-11:25	Period 3
11:25-12:05	Period 4
12:05-12:45	Period 5
12:45-13:00	Lunch
13:00-13:20	Lunch Recess
13:20-13:40	Guided Reading
13:40-14:20	Period 6
14:20-15:00	Period 7
15:00-15:15	Afternoon Meeting/Cleaning
15:15-15:20	Dismissial
15:20-16:00	After School Programs
16:00-16:10	Dismissial
16:10	Buses Depart

（注）「JINGUMAE INTERNATIONAL EXCHANGE SCHOOL」（2015）より収載。

ター・日本語のカリキュラムが組まれている [15]。子供たちに自信や自主性
を持たせるため、授業は質問形式で行われ、論理的回答が求められるととも
に、発表の場も多く設けられている [16]。

　表 7 は Grade 6 の校時表であり、1 日のスケジュールをある程度見て取るこ
とができる。

注

1) 『平成27年度　学校要覧』渋谷区立神宮前小学校、2015。

2) 同前。

3) 川島信雄「新たな学校づくりを目指して―国際交流と日本文化―」渋谷区立神宮前小学校、2010。

4) 同前。

5) 同前。

6) 神宮前国際交流学級開設の経緯については、「渋谷区職員措置請求及び監査結果（国際交流学級設立準備会に対する渋谷区行政財産使用許可に関する件）」渋谷区監査委員、2009）及び「渋谷区職員措置請求及び監査結果（NPO法人国際交流学級に対する渋谷区行政財産使用許可に関する件Ⅱ）」渋谷区監査委員、2012）を参照。

7) 神宮前国際交流学級への現地調査による。

8) 「JINGUMAE INTERNATIONAL EXCHANGE SCHOOL」2015。

9) 同前。

10) 同前。

11) 同前。

12) 同前。

13) 同前。

14) 同前。

15) 同前。

16) 同前。

第4章

渋谷区立神宮前小学校における日本文化発信力の育成

本章では、日本文化発信力育成の先駆的事例である、渋谷区立神宮前小学校の実践について、その特質を詳細に検討する。

第1節　実践研究の契機と推移

1、研究開始の契機

2006（平成18）年4月に川島前校長が着任し、その翌2007（平成19）年5月に神宮前小学校（以下、特別に事情のない限り、同校と略記）の空き教室の一部を借用する形で、渋谷区教育委員会の要請により、トルコ人の子どもたちを中心とした神宮前国際交流学級（以下、特別に事情のない限り、国際交流学級と略記）が設置されることになった。

2004（平成16）年度から、渋谷区教育委員会では区立小・中学校の学校選択制を実施しており、川島前校長は同校の生き残り策を模索していた。つまり、教育活動の特色化を打ち出す必要性に迫られていたのである。このような折、学校の地域環境や国際交流学級の存在を教育活動の特色化に活用しようとしたのが、学校経営方針の一つの柱である「国際理解教育の推進」であった。

だが、ありきたりの国際理解教育の実践は全国各地に数多く存在する。そこで、単なる国際理解教育ではなく、我が国の伝統や文化の十分な理解、即ち、日本文化理解教育という基盤に立脚した国際理解教育が構想されたのであった。これがもう一つの柱である「日本伝統文化活動の推進」であった。

　日本文化理解教育に立脚した国際理解教育、特に、国際交流学級の児童や外国人留学生、学校近辺に来訪する外国人観光客などに対して、同校の児童が学習成果として日本文化を発信するという点に、教育活動の最大の特質が見出されるのであり、本書のテーマである日本文化発信力育成の教育の観点から見ても、大きな意義を有しているのである。

　このように、学校存続を賭けた新しい教育活動の構想が固まりつつあった、2008（平成 20）年度～ 2009（平成 21）年度に、国立教育政策研究所による「我が国の伝統文化を尊重する教育に関する実践モデル事業」のモデル校と渋谷区教育委員会の研究推進校の両者に選定され、川島前校長の強力なリーダーシップの下、本格的な実践研究が開始されたのであった。

2、研究の推移

　同校の実践研究の実質的開始は平成 19 年度からであり、川島前校長が定年退職する 2014（平成 26）年度末まで 8 年間継続した。この 8 年間、学校全体の研究主題は一貫して、「国際社会を生き抜く子供達の育成～伝統文化・国際理解の活動を通して～」であったが、各学年が取り組んだ研究テーマは、年次によって各々異なっている。その学年別研究テーマの推移を示したのが表 1 である。

　8 年間の学年別研究テーマを見ると、伝統文化や地域を理解することを目指したテーマと、国際交流や日本文化の発信を目指したテーマとの 2 種類に区分することができる。

　前者に属するものは、平成 19 年度の 1・2・4・5 学年、20 年度の 1・3・4・5 学年、21 年度の 3・5 学年、22 年度の 3・4・5 学年、23 年度の 3・4・5 学年、24 年度の 2・3・4・5 学年、25 年度の 1・3・4・5 学年、26 年度の 1・3・4・5 学年の計 28 テーマである。

　一方、後者に属するものは、平成 19 年度の 3・6 学年、20 年度の 2・6 学

表1　学年別研究テーマの推移

	平成 19 年度	平成 20 年度	平成 21 年度	平成 22 年度
1年	昔遊びをしよう	神小梅干しを作ろう	とびだせ　あそびたい	保育園児と仲良し大作戦を立てよう
2年	昔遊びをしよう　―凧を作って遊ぼう―	いっしょにあそぼう　神小・国際交流学級 Kids	神小キッズ・国際キッズ　いっしょに遊ぼう！心をつなごう！	神小キッズ・国際キッズ　いっしょに遊ぼう！心をつなごう！
3年	日本の遊びを国際交流学級の友達に紹介しよう！	神宮前思い出めぐり	神宮前博士になろう	神宮前の秘密をさぐろう
4年	日本の○○博士になろう!!　～おまつり編～	江戸しぐさから神小しぐさを広めよう	始めよう！　神小改造計画	感じよう！　江戸の心
5年	日本人の心を受け継ぐ	日本人の心を味わう	日本人の心	日本人の心を味わう
6年	発信しよう日本を・受信しよう世界を	日本の文化財や神宮前のすばらしさを伝えよう	発信しよう日本を・受信しよう世界を	感じよう世界　伝えよう日本

	平成 23 年度	平成 24 年度	平成 25 年度	平成 26 年度
1年	保育園児と仲良し大作戦を立てよう	保育園の友達と仲良くなろう！　なかよし大作戦	江戸野菜を育てよう	江戸野菜を育てよう
2年	神小キッズ・国際キッズ　いっしょに遊ぼう！心をつなごう！	おいしくそだて　わたしたちのやさい	いっしょにあそぼう！　神小・国際交流学級 Kids	いっしょにあそぼう！　神小・国際交流学級 Kids
3年	神宮前の秘密をさぐろう	我ら神宮前調査団！探そう地域の秘密	我ら神宮前調査団！探そう地域の秘密	我ら神宮前調査団！探そう地域の秘密
4年	感じよう！　江戸の心	江戸の心を探ろう！	江戸の心を探ろう！	江戸の心を探ろう！
5年	日本人の心を味わう	日本人の心を受け継ぐ	日本人が大切にしてきた心を探ろう	日本人の心を味わおう
6年	感じよう世界　伝えよう日本	発信しよう日本を・受信しよう世界を	外国の文化を知ろう	発信しよう日本を・受信しよう世界を

(注)『国際社会を生き抜く子供達の育成～伝統文化・国際理解の活動を通して～』（渋谷区立神宮前小学校、2014）より作成。なお、1～2学年（生活科）では、複数のテーマ（単元）が存在するため、研究主題との関係で最も密接したテーマを選んであげた。

年、21 年度の 2・6 学年、22 年度の 2・6 学年、23 年度の 2・6 学年、24 年度の 6 学年、25 年度の 2・6 学年、26 年度の 2・6 学年の計 15 テーマである。

　さらに、詳しく見ると、国際交流学級との交流を研究テーマとしたものは、ほぼ 2 学年に集中していることが分かる。

　また、6 学年では、主に日本文化の発信を研究テーマとして設定していることも分かる。

　これらのことから、低学年の 2 学年の段階で、まず、国際交流学級の児童との交流による異文化体験を行わせ、3 〜 5 学年で伝統文化や地域に対する理解を深めさせたうえで、最高学年の 6 学年で日本文化の発信力育成を直接的に目指そうとしていることが分かるのである。

　つまり、「日本伝統文化活動の推進」と「国際理解教育の推進」の各単元を系統的に組み合わせた学習活動によって、日本文化の発信力育成を図ろうとしているのである。

3、学校の変化

　実践研究を始めたことによって、学校の様子も次第に変化を遂げてきた。

　まず、児童数が顕著な増加傾向に転じてきたことがあげられる。

　平成 19 年度には 117 名であった児童数が、20 年度は 132 名、21 年度は 137 名、22 年度は 140 名、23 年度は 151 名、24 年度は 165 名、25 年度は 207 名、26 年度は 223 名と増加の一途をたどってきたのである[1]。研究を開始してから 8 年間で実に 2 倍程度にまで増加しており、児童数の増加は、同校の特色ある教育活動が保護者や地域住民に好意的に受容された結果であると考えられる。そのうえ、学校選択制により、本来の校区以外からの入学者も増加傾向にあり、校区外からの志願者は、現在のところ、渋谷区立小学校で最多である[2]。

　渋谷区教育委員会も「神宮前小学校は平成 20・21 年度新一年児童数が 30

表 2　学校の状況の主な推移

平成 19 年度	平成 20 年度	平成 21 年度	平成 22 年度
・渋谷区教育委員会研究奨励校 ・校舎改修 ・国際交流学級対面式 ・夏季特別講座開講 ・保育園、幼稚園との交流給食始まる（神小交流大作戦） ・東京フィルハーモニー音楽会（区立近隣保育園、神宮前国際交流学級を招待） ・NHK 全国俳句大会ジュニアの部　入選1名 ＊平成 18 年度より神宮前俳句大賞開催（校内）	・国立教育政策研究所教育課程研究センター関係指定事業「我が国の伝統文化を尊重する教育に関する実践モデル校」 ・渋谷区教育委員会研究推進校 ・運動会、全校遠足を国際交流学級と合同で行うようになる ・「神宮前基礎テスト」を始める ・池田綾子さんが学校でコンサートを行う ・NHK 全国俳句大会ジュニアの部　入選1名 ・卒業体験学習で東秩父村へ（紙すき体験、そばうち、魚つり）	・国立教育政策研究所教育課程研究センター関係指定事業「我が国の伝統文化を尊重する教育に関する実践モデル校」 ・渋谷区教育委員会研究推進校 ・山梨県笛吹市俳句大会　教育委員長賞受賞 ・屋上庭園完成（穏原空の森・きずな橋） ・NHK 全国俳句大会ジュニアの部　入選1名	・渋谷区教育委員会研究奨励校 ・標準服ができる ・校帽が新しくなる（夏・冬） ・創立 80 周年記念式典（アトラクション） ・創立 80 周年集会を行う ・NHK 全国俳句大会ジュニアの部　入選3名 ・山梨県笛吹市俳句大会　入選2名 ・運動会で神宮前小・神宮前国際交流学級の児童が競技紹介をするようになる（日本語と英語）

平成 23 年度	平成 24 年度	平成 25 年度	平成 26 年度
・渋谷区教育委員会研究奨励校 ・神宮前長縄選手権が本格的になる ・池田綾子さんのコンサートでバックコーラスに参加 ・山梨県笛吹市俳句大会　入選5名 ・NHK 全国俳句大会ジュニアの部　特選2名 ・税に関する書写　金賞1名　入選2名 ・東秩父村立西小学校、東秩父村立東小学校交流（年2回）	・スイミーリーグ（他校と競い合う長縄選手権）始まる ・アメリカ合衆国ニューヨーク市教育委員会視察 ・鎌倉全国俳句大会NHK 学園賞1名 ・税の標語　渋谷税務署長　優秀賞1名 ・税に関する書写　金賞2名　入賞3名 ・NHK 全国俳句大会ジュニアの部　入賞2名 ・山梨県笛吹市俳句大会　入選10名	・渋谷区教育委員会研究指定校 ・学級増加（7学級） ・スイミーリーグにて大会最高記録を樹立（6年が585回） ・校庭の人工芝が新しくなる ・東京都子供の体力向上推進校表彰 ・NHK 全国俳句大会ジュニアの部　入選3名 ・税に関する書写　銀賞1名　入賞4名 ・東秩父村立槻川小学校交流（年2回）	・渋谷区教育委員会研究指定校 ・2年連続で学級増加となる（8学級） ・研究発表（12月12日） ・スイミーリーグの参加校が増える ・イギリスより視察団来訪 ・学校図書館専門員配置 ・税に関する書写　銀賞1名　入賞2名 ・東秩父村立槻川小学校交流（年2回）

(注)　『国際社会を生き抜く子供達の育成〜伝統文化・国際理解の活動を通して〜』（渋谷区立神宮前小学校、2014）より作成。

名と平成 19 年度の新一年生児童数の約 2.3 倍となっている。これは、神宮前小学校に国際交流学級があると分かっていての児童数増の結果である」3) とその関連性を認めている。

　さらに、実際に学んでいる児童たちの中にも、「国際交流学級があるから、色々な国の人と友達になれる」(3 学年) 4)、「日本の伝統文化を学ぶ機会が多くおもしろい」(4 学年) 5)、「国際交流学級がある。外国の人とも自然に友達になれ、聞いているだけで英語が覚えられる」(6 学年) 6) などと、同校の教育活動の特色を肯定的に捉える意見が多い。

　同校の着実な教育実践の蓄積は、児童数の急増という結果を招来することになったのである。即ち、「選ばれる学校」、「入りたい学校」として、同校は捉えられるようになったのであり、学校の大きな前進的変化であった。

　児童数の急増による学校活性化は、日本文化理解教育に立脚した、同校独自の国際理解教育の最大の成果であるといえるのである。

　なお、この 8 年間の同校の主な状況推移をまとめたものが表 2 である。

第 2 節　研究主題とその設定理由

　神宮前小学校では、8 年間継続して「国際社会を生き抜く子供達の育成〜伝統文化・国際理解の活動を通して〜」という同一の研究主題を掲げていた。

　まず、研究主題設定の背景として、次の 2 点があげられる。

　第一に、将来の知識基盤社会やグローバル社会において必要不可欠となる、課題発見・解決能力、論理的思考力、コミュニケーション能力などを育成するため、探究的学習の推進を重視する学校方針が存在したことである。

　第二に、校内にインターナショナルスクールとしての国際交流学級が存在するだけでなく、近隣に各国大使館が存在し、外国人観光客なども数多く来訪するという、国際色豊かな学校環境にあるということである。

　これら同校独自の学校事情を背景として、川島前校長が主導し、全教員との協議を経て研究主題が設定されたのであった。

　研究主題設定の経緯について、同校は「神宮前小学校の『多様な人間・考え方に触れる機会』『実体験からの思考・判断、豊かな感性』『国際色豊かな地域』の実態や環境を考え、めまぐるしく変化するグローバル社会を子供達がよりよく生きていくことを願い、『国際社会を生き抜く子供達の育成』を研究主題として設定した」[7] と説明している。

　中心的主題である「国際社会を生き抜く」、即ち、「国際人」として生きていくための要件としては、自己の生き方・在り方についての確固たる姿勢を持つとともに、自国や自国の文化に対する深い理解が必要であるとしている[8]。自国や自国の文化に対する深い理解が基盤になってこそ、初めて他国や他国の文化を理解しようとする感情も生じてくるというものである。つまり、国際化の前提として、自国（日本）の伝統や文化の理解が重要であるとの立場に立脚しているのである。

　さらに、「しかしながら、我が国の長い歴史の中で、家庭や地域社会の中で人々に大切に受け継がれてきた文化に触れる機会は減少してきている。都心で生活している本校児童もその例外ではない。受け継がれてきた文化には、『礼儀・作法』といった他者への『気配りや心配り』『先人の豊かな知恵』など、これからも引き継ぎたいもの、学ぶべきものがある」[9] として、我が国の伝統文化の教育の必要性を指摘している。

　そのうえで、「国際社会を生き抜く」ということを、具体的には次の二つの観点から捉えている。

　第一に、「自国の歴史や文化を尊重し誇りをもち、異文化や異なる文化をもつ人々を受容し、よりよく共生していく」[10] ことであるとしている。

　第二に、「グローバル化が進み大きく変化する社会に対応して思考・判断し、主体的に自己の生き方を考え、その生き方を表現・実行し、よりよく創造的に生きていく」[11] ことであるとしている。

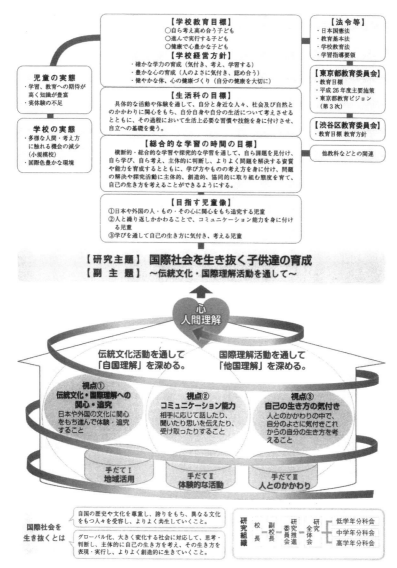

図 1　研究全体構想図

(注)『国際社会を生き抜く子供達の育成〜伝統文化・国際理解の活動を通して〜』(渋谷区
　　立神宮前小学校、2014) より収載。

　そして、これらの基礎力を「伝統文化・国際理解活動」を通して育成することによって、研究主題を達成しようとしているのである。

　このように、研究主題からも、同校の実践研究では、確実な自国（日本）文化理解を基盤として、激動する国際社会を「生きる力」を身につけさせようとしていることが分かる。

　図1は、同校の実践研究の全体構想図である。

　この構想図を見ると、自国（日本）理解のための「伝統文化活動」と、他国（諸外国）理解のための「国際理解活動」とが、実践研究の車の両輪として位置づけられていることが分かる。

　そして、研究の視点として、次の3点があげられていることも分かる。

　「視点①」は、「伝統文化・国際理解への関心・追究」ということであり、我が国や諸外国の文化に興味・関心を持ち、積極的に体験・追究させる必要があるということである。

　「視点②」は、「コミュニケーション能力」ということであり、相手に応じて話したり、自分の思いを伝えたりすることや、相手の話を聞いたり、相手の思いを受け取ったりする能力を育成する必要があるということである。

　「視点③」は、「自己の生き方の気付き」ということであり、多くの人々との関わりの中で、自分の長所に気づいたり、将来の自分の生き方を考えさせる必要があるということである。

　これら三つの研究視点に迫る方策として、「地域活用」、「体験的な活動」、「人とのかかわり」があげられている。このため、同校の教育実践では、これら三つの方策が授業や学校行事など、教育活動の随所に織り込まれているのである。

第 3 節　実践研究の実態

1、教育課程上の位置づけ

　同校では、校長の強力なリーダーシップの下、全教職員をあげて実践に取り組んだが、そのために特別の研究組織を設置している。図 1 から分かるように、管理職の下、研究推進委員会が研究計画の立案や実践の全体的推進を担い、さらにその下に、全学年からなる研究全体会や低・中・高学年分科会が属するという組織になっていた。

　教育課程上では、1 〜 2 学年は生活科、3 〜 6 学年では総合的な学習の時間を中心とし、さらに、学校行事でも様々な実践研究が行なわれていった。

2、各学年での実践（平成 26 年度の事例）

(1) 1 学年

　1 学年の生活科では、「江戸野菜を育てよう」という単元の下に、計 18 時間の実践を行っている（詳細な学習指導計画については、紙幅の関係上割愛した。以下、他学年も同様）12)。

　単元目標としては、「①江戸野菜の栽培に興味・関心をもち、それらに生命があることや成長していることなどに気付くとともに、身近な人に世話の仕方を聞いたり、育てたりしながら、植物に愛着をもち大切にすることができる、②園児と一緒に江戸野菜を栽培する活動を通して、一緒に活動することやかかわることの楽しさに気付く」13) という 2 点があげられている。

この単元では、「江戸野菜」を題材
として、江戸時代より伝承されてき
た食文化に触れることを目標とする
とともに、保育園やこども園の園児
との栽培活動を通して、「人とのかか
わり」の能力育成を目指しているこ
とも分かる。

江戸野菜の授業

　この授業の結果、「江戸野菜の栽培活動や園児との活動を通して、表現力や
コミュニケーション能力が向上した」[14] ということが、児童の変容としてあ
げられている。

(2) 2学年

　2学年の生活科では、4単元を設定しているが、すべて、国際交流学級の児
童との交流活動を取り入れている。

　「おいしくそだて　わたしの野さい」、「うごくうごく　わたしのおもちゃ」、
「いっしょにあそぼう！　神小・国際交流学級 KIDS」、「いっしょにたのしも
う　ピニャータまつり」の4単元であるが [15]、特に、「伝統文化・国際理解
の活動」との関係性から考えれば、「いっしょにあそぼう！　神小・国際交流
学級 KIDS」の単元が重要である。

　「おいしくそだて　わたしの野さ
い」（16時間配当）の単元目標は、「①
身近な野菜の栽培に関心をもち、野
菜を育てる活動を通して、世話の仕
方を調べたり、人に聞いたりしなが
ら野菜にも生命があることや、成長
していることに気付き、植物に愛着
をもち大切にすることができる、②

野菜の収穫

国際交流学級の友達と一緒に野菜を育てる体験を通して、国際交流学級の友達とかかわることの楽しさが分かり、交流することができる」16) という 2 点があげられている。

　この授業の結果、「一緒に野菜を育てる活動を通して、国際交流学級の友達との活動への興味・関心を高めることができた」17) ということが、児童の変容としてあげられている。

　「うごくうごく　わたしのおもちゃ」（12 時間配当）の単元目標は、「①身近なものを使って動くおもちゃを作り、友達と競争したり、工夫を教えあったりしながら、自分なりに改良する活動を通して、動くおもちゃの面白さや不思議さを実感しながら、みんなで遊びを楽しむことができる、②国際交流学級の友達と一緒に動くおもちゃを作る体験を通して、みんなでかかわることの楽しさが分かり、進んで交流することができる」18) という 2 点があげられている。

　この単元では、身近なもので作るおもちゃ作りの活動を通して、互いに教えあうことによって工夫・改良することの大切さを実感させるだけでなく、言語や文化の壁を越えて、外国人の子どもたちと協力して作業することの楽しさや充実感についても体験させようとしていることが分かる。

　この授業の結果、「動くおもちゃを作ったり、遊んだりする活動を通して、国際交流学級の友達や同じ学年の友達と楽しんで遊び、国際理解への土台ができた」19) ということが、児童の変容としてあげられている。

竹とんぼを一緒に体験

　「いっしょに遊ぼう！　神小・国際交流学級 KIDS」（15 時間配当）の単元目標は、「①日本に伝わる昔からの遊びや外国にある遊びについて、地域の人や国際交流学級の先生に教わったり、一緒に遊んだり

する中で、それぞれの遊びのよさや、楽しさに気付きながらみんなで遊びを楽しむことができる、②日本や外国にある遊びについて興味・関心をもち、国際交流学級の友達と進んで交流することができる」[20] という 2 点があげられている。

　この単元は、本書の主題に直接的に係わる単元であるため、第 4 節で詳細に検討するが、我が国の伝統的な遊びや外国の遊びを実体験させることによって、興味・関心を持たせるだけでなく、外国人の子どもたちに我が国の伝統的な遊びを教えるための工夫についても考えさせようとしている。さらに、外国人の子どもたちから、外国の遊びを教わることによって、遊びという文化の相違に気づかせようとしていることも分かる。

　つまり、遊びという文化交流活動を通して、言語や文化の壁を越えて一緒に遊ぶ楽しさや、日本文化発信の難しさ、日本文化と外国文化との相違についても理解させることを意図した単元であると捉えることができる。

　この授業の結果、「国際交流学級の友達のことを考えながら昔遊びの紹介の仕方を工夫することで、気付きや体験から相互理解を深めることができた」[21] ということが、児童の変容としてあげられている。

　「いっしょにたのしもう　ピニャータまつり」（8 時間配当、ピニャータとはメキシコや他の中南米の諸国で子どもの祭りに使用される、菓子やおもちゃなどを中に詰めたくす玉人形）の単元目標は、「①季節や地域の行事にかかわる活動を行ったり、国によって生活の様子が変わることに気付き、自分の生活を工夫したり、楽しくしたりすることができる、②国際交流学級の友達と一緒におまつりを楽しむ活動を通して、絆を深めることができる」[22] という 2 点があげられている。

　この単元では、「ピニャータまつり」という外国の子どもの祭りを実体験させることによって、我が国の祭りと外国の祭りの相違や、その背景に存在する文化の相違についても理解させようとしていることが分かる。さらに外国の祭りを外国人の子どもたちと一緒に楽しむことによって、国際交流の楽し

ピニャータ作りの様子

さを実感させようとしていることも分かる。つまり、祭りを通して、異文化を実感的に理解させることを意図した単元であると捉えることができる。

この授業の結果、「一緒にピニャータを作り、割って楽しむことで、言語の壁を越えて交流できることや楽しめることを実感した」[23] ということが、児童の変容としてあげられている。

(3)　3 学年

3 学年の総合的な学習の時間では、大単元の「我ら神宮前調査団！　探そう地域の秘密」の下に、小単元として「神宮前小学校の秘密を調べよう」、「神宮前地域の秘密を調べよう」、「神宮前の秘密を深めよう」、「神宮前の秘密をまとめよう」の 4 単元が設定されている[24]。

大単元の目標は、「神宮前小学校や地域の成り立ち、街の移り変わりの様子、地域の人々が大切にしてきた思いや考えを理解する中で、地域への誇りと愛着をもち、地域社会の一員としての自己の生き方を考えることができる」[25]ということがあげられている。

3 学年では、我が国の伝統や文化への理解を深める第一歩として、まず、学校や学校所在地域の沿革について理解させることを目標としている。

その具体的方策として、グループでの作業学習や聞き取り調査、「まち歩き」といった体験学習、発表など、一連の活動を通して、能動的に理解させていこうとしている。つまり、単なる講義形式の受動的な学習ではなく、学校や地域についての課題意識を持たせ、それらについての追究活動を主体的に行わせることによって、解答を導き出させようとしているのである。そのような主体性的学習の方が、学校や地域社会への愛着の感情がより深まると

捉えているものと考えられる。

　評価規準としては、「伝統文化・国際理解への関心・追究」（同校の定義では、「日本や外国の文化に関心をもち、進んで体験・追究すること」）、「コミュニケーション能力（同校の定義では、「相手に応じて話したり、聞いたり、思いを伝えたり、受け取ったりすること」）、「自己の生き方の気付き」（同校の定義では、「人とのかかわりの中で、自分のよさに気付きこれからの自分の生き方を考えること」)」という、三つの観点を設定している[26]。これらは前述の研究視点①②③に各々対応している（図1参照）。

　3学年の場合、「伝統文化・国際理解への関心・追究」としては、「神宮前地域に関心をもち、地域を調べたり、人々の話を聞いたりする中から、興味のあることや不思議に思ったことを課題として、進んで追究しようとする」[27]ということをあげている。

　「コミュニケーション能力」としては、「地域に暮らす人や地域を訪れる人に、相手や目的に応じた適切な言葉遣いや内容で話をしたり、質問をしたりすることができるとともに、体験から得た情報を基に友達と話し合って考えをまとめたり、意見を述べたりすることができる」[28]ということをあげている。

　「自己の生き方の気付き」としては、「神宮前地域の移り変わり、人々の工夫や思いを知る中で、地域に生きる人々の誇りや愛着を理解し、地域に貢献するために、自己の新たな生き方に気付く」[29]ということをあげている。

　これら三つの評価の観点には、前述の研究視点に迫る方策としての「地域活用」、「体験的な活動」、「人とのかかわり」のすべてが反映されていることが分かる（図1参照）。

　「神宮前小学校の秘密を調べよう」（14時間配当）では、「課題の設定〜①身近な事柄に着目し、課題を設定する、②神宮前小学校の特色と疑問を出し合う」（4時間配当）→「情報の収集、整理・分析〜①校内の水車について調べる方法を考える、②水車についての資料を調べる」（5時間配当）→「まとめ・

校内の水車

表現〜分かったことをまとめ、渋谷川に関係していることを知る」(5時間配当) の順に学習活動が展開されている 30)。

この小単元では、自分たちが学んでいる学校について理解や愛着を深めさせるため、校内の水車を題材として、資料の調査・分析などの主体的な追究活動を行わせようとしていることが分かる。

この授業の結果、「校庭の水車について調べたことをきっかけに、近くに流れる渋谷川に対する興味・関心が高まった」31) ということが、児童の変容としてあげられている。

「神宮前地域の秘密を調べよう」(25時間配当) では、「課題の設定〜渋谷川についての疑問をもち、課題を設定する」(2時間配当) →「情報の収集、整理・分析〜①渋谷川についての調査方法を考える、②地域の人へのインタビュー内容を考え、実施する、③インタビューから分かったことを班ごとに発表する」(15時間配当) →「まとめ・表現〜神宮前地域の昔の様子をまとめる」(8時間配当) の順に学習活動が展開されている 32)。

この小単元では、学校所在地近傍を流れていた渋谷川 (現在では暗渠化) を題材として、昔の神宮前地域の様子に関心を持たせ、インタビュー活動など

地域住民へのインタビュー

の調査体験をさせることによって、主体的な追究活動を行わせようとしていることが分かる。

この授業の結果、「地域の人々へのインタビューから、渋谷川が近くに流れていたことや人々が街への親しみを抱きながら街づくりをしてきたことなどを理

解することができた」33) ということが、児童の変容としてあげられている。

　「神宮前の秘密を深めよう」(15 時間配当) では、「課題の設定〜地域の人々の思いを考え、課題を整理する」(2 時間配当) →「情報の収集、整理・分析〜①神宮前地域に対する人々の思いを知るための方法を考える、②地域の人と『まち歩き』をして、地域の人々の思いを知る」(8 時間配当) →「まとめ・表現〜『まち歩き』で知った人々の思いや願いをまとめる」(5 時間配当) の順に学習活動が展開されている 34)。

　この小単元では、これまでの地域の歴史学習の成果を受け、現在の神宮前地域に対する住民たちの思いについて、「まち歩き」などの体験活動を通して実感的に理解させようとしていることが分かる。

　この授業の結果、「地域の人と『まち歩き』をすることで、人々の思いや願いが地域に込められていることを知り、自分と地域とのかかわりについて考えることができた」35) ということが、児童の変容としてあげられている。

　「神宮前の秘密をまとめよう」(8 時間配当) は、第 3 学年の総合的な学習の時間の総括として位置づけられている。「神宮前の人々の思いや願いをまとめ、『まち歩き』でお世話になった人に伝える」36) という学習活動が展開されており、学校や地域の歴史を踏まえたうえで、急速に変貌してきた神宮前地域に対する地域住民の意見や要望を整理し、発表させることによって、地域社会が抱える課題を主体的に考察させようとしていることが分かる。さらに、学習成果を地域社会に還元させることによって、学校と地域社会との連携を深めることを意図していることも分かる。

　この授業の結果、「地域について調べてきたことをまとめる中で、地域のことをより身近に感じ、積極的にかかわろうとする気持ちをもつことができた」37) ということが、児童の変容としてあげられており、児童が「地域への誇りと愛着をもち、地域社会の一員としての自己の生き方を考える」(大単元目標) とに成功しているということができよう。

(4) 4学年

4学年の総合的な学習の時間では、大単元の「江戸の心を探ろう！」の下に、小単元として「江戸しぐさについて知ろう」、「江戸の暮らしについて知ろう」、「現代まで残る江戸しぐさ」、「神小今しぐさを作ろう・広めようプロジェクト」の4単元が設定されている[38]。

大単元の目標は、「様々な体験活動を通して、江戸の人々の考え方を知り、そのよさを認めながら、今の生活に生かそうとすることができる」[39] ということがあげられている。

4学年では、学習対象地域をさらに拡大して、現在の東京の歴史的基盤となった江戸の街に伝わる様々な伝統文化の中で、特に、礼儀作法に係わる江戸しぐさを題材として、江戸の人々の心を理解させることを目標としている。その方策として、グループでの作業学習や、江戸しぐさの実体験、深川江戸資料館への現地調査、聞き取り調査、江戸しぐさを参考に「神小今しぐさ」を考案して発表するなどの一連の活動を通して、能動的に理解させようとしている。つまり、3学年と同様、児童たち自身に課題意識を持たせ、それらについての追究活動を主体的に行わせることによって、単元目標の達成に迫ろうと意図しているのである。

評価規準は、「伝統文化・国際理解への関心・追究」としては、「江戸の暮らしや、江戸の伝統に触れ、体験的な学習を通して、江戸から受け継がれているものに、興味・関心をもち、江戸の人々の暮らしや生き方について追究することができる」[39] ということをあげている。

「コミュニケーション能力」としては、「体験的な学習や、様々な場での相手とのかかわりを通して、自分の思いを伝えたり、相手の思いを受け取ったりすることができる」[40] ということをあげている。

「自己の生き方の気付き」としては、「江戸についての学習を進める中で、江戸の人々の考え方や生き方を感じ、自分達の生活に生かそうとする気持ち

を高めることができる」[41] ということをあげている。

　「江戸しぐさについて知ろう」（11 時間配当）では、「課題の設定〜江戸しぐ
さを紹介し、学習課題を設定する」（3 時間配当）→「情報の収集、整理・分
析〜①江戸しぐさについて調べ、発表する、②調べた江戸しぐさを体験する、
③『神小今しぐさ』から、しぐさに込められた 5 年生の心を調べる」（5 時間
配当）→「まとめ・表現〜江戸しぐさに込められている江戸の心をまとめる」
（3 時間配当）の順に学習活動が展開されている[42]。

　この小単元では、江戸しぐさの調査や体験を通して、江戸しぐさに興味・
関心を持たせるとともに、そこに込められた江戸の心を実感的に理解させよ
うとしていることも分かる。

　この授業の結果、「たくさんの江戸しぐさを調べたり、調べた江戸しぐさを
体験したりすることで、江戸しぐさに対する興味・関心が高まった」[43] とい
うことが、児童の変容としてあげられている。

　「江戸の暮らしについて知ろう」（16 時間配当）では、「課題の設定〜江戸の
暮らしについて予想し学習課題を設定する」（1 時間配当）→「情報の収集、
整理・分析〜①江戸の暮らしについて調べる、②深川江戸資料館で調べる」
（12 時間配当）→「まとめ・表現〜江戸のまち体験と江戸しぐさを基に、江戸
の人々の心をまとめる」（3 時間配当）の順に学習活動が展開されている[44]。

　この小単元では、江戸の街の人々の生活実態について、資料館の現物資料

に接することによって実感的に理解
させるとともに、江戸しぐさやその
背景となった江戸の街の様子から、
江戸の人々の心を探らせようとして
いることも分かる。

　この授業の結果、「資料館で現在の
街並みや暮らしと比較することで、
江戸しぐさが生まれた背景を理解す

深川江戸資料館で体験

ることができた」45) ということが、児童の変容としてあげられている。

　「現代まで残る江戸しぐさ」（13 時間配当）では、「課題の設定〜江戸しぐさ
に込められている『江戸の心』と現代社会の違いについて原因を予想し、課
題を設定する」→「情報の収集、整理・分析〜街の人々にインタビューを行
ったり、調査した内容を整理したりして、現代の生活について自分なりの考
えをもつ」（5 時間配当）→「まとめ・表現〜現代社会に残っている江戸しぐ
さや現代しぐさに込められている人々の願いを考えまとめる」（3 時間配当）
の順に学習活動が展開されている 46)。

　この小単元では、江戸しぐさに関するこれまでの学習成果を基に、江戸の
人々の心と現代人の心との相違点やその原因、さらには、現代にも残存する
江戸しぐさの事例について、調査活動やインタビュー活動を通して実感的に
理解させようとしていることが分かる。

　この授業の結果、「多くの人々とかかわることで、自分の考えを分かりやす
く伝えたり、話し合って深めたりする力が高まった」47) ということが、児童
の変容としてあげられている。

　「神小今しぐさを作ろう・広めようプロジェクト」（22 時間配当）では、「課
題の設定〜現代人が使っているしぐさのよい点やあまりよくない点を考え、
課題を設定する」（2 時間配当）→「情報の収集、整理・分析〜①昨年の『神
小今しぐさ』を生かして、自分達の『神小今しぐさ』を作る、②神宮前小学
校に残したい江戸の心について考え、5 年生と意見交換する」（17 時間配当）
→「まとめ・表現〜今までの体験や学習を通して感じた『江戸の心』につい
てまとめ、『神小今しぐさ紹介集会』を行う」（3 時間配当）の順に学習活動が
展開されている 48)。

　この小単元は、4 学年の総合的な学習の時間の総括的単元である。これま
での学習成果を基に、江戸しぐさと現代人のしぐさとの比較対照を通して、
現代に残すべき価値のある江戸しぐさや江戸の人々の心について理解させよ
うとしていることが分かる。さらに、現代人の好ましいしぐさの一事例とし

ての「神小今しぐさ」を考案させることによって、江戸しぐさやそれを生み出した江戸の人々の心を継承しようとする気持ちの育成を図ろうとしていることも分かる。

　この授業の結果、「江戸の心を受け継ぐ気持ちが生まれ、理想の社会や自分達の姿について考え、実践することができた」[49] ということが児童の変容としてあげられており、我が国の伝統や文化の一端としての「江戸の心」を理解・尊重し、継承していこうという気持ちの育成に成功しているということができよう。

(5) ５学年

　５学年の総合的な学習の時間では、大単元の「日本人の心を味わおう」の下に、小単元として、「日本人の心を味わおう①」、「日本人の心を味わおう②」、「日本人の心を味わおう③」、「日本人の心を楽しもう」の４単元が設定されている[50]。

　大単元の目標は、「日本人であることのよさ・誇り・大切にしたい心・文化に触れ、親しむことで、自分なりの考えをもち、自己の生き方に気付くことができる」[51] ということがあげられている。

　第５学年では、俳句・箏・剣道・茶道など、我が国の代表的伝統文化の実体験を通じて、それらに込められた「日本人の心」を理解させようとしている。つまり、単に専門家の説明や資料調査を通してではなく、伝統文化の体験学習を通じて、伝統文化とはどのようなものであり、それらに共通した「日本人の心」とはどのようなものであるのかを実感的に理解せようと意図しているのである。

　評価規準は、「伝統文化・国際理解への関心・追究」としては、「専門家の話や体験的な学習を通して、日本の伝統文化に関心・意欲をもち、その中に込められた日本人の精神文化を探ることができる」[52] ということをあげている。

　「コミュニケーション能力」としては、「体験的な学習や相手とのかかわりの中で、自分の思いを伝えたり、専門家や友達の思いを受け取ったりすることができる」53) ということをあげている。

　「自己の生き方の気付き」としては、「体験的な学習を通して、専門家の生き方・考え方を学び、我が国の文化に対する理解を深め、自分の生活に生かすことができる」54) ということをあげている。

　「日本人の心を味わおう①」(14 時間配当) では、「課題の設定〜日本人の心について自分の考えを持ち、探る方法を考える」→「情報の収集、整理・分析、まとめ・表現〜①俳句を体験し、専門家の思いや願いに触れ、日本人が大切にしてきた心を追究する (四季に応じて年間 4 回俳句作り)、②よさや価値について整理・分析する、③初めの考えと比べながら、日本のよさを言葉にまとめる」(10 時間配当) の順に学習活動が展開されている 55)。

　この小単元では、俳句を題材として取り上げ、俳句の概要を知るための調査学習や代々木公園での吟行体験、俳人からの講話を通して、俳句に興味・関心を持たせ、俳句に込められた「日本人の心」を理解し、それを児童たち自身の実生活に活用させようとしていることが分かる。

　この授業の結果、「俳句を体験し、俳句をつくる活動を通して、伝統文化に対する興味・関心が高まった」56) ということが、児童の変容としてあげられている。

　「日本人の心を味わおう②」(22 時間配当) では、「情報の収集、整理・分析、まとめ・表現〜①剣道を体験し、専門家の思いや願いに触れ、日本人が大切にしてきた心を追究する、②よさや価値について整理・分析する、③初めの考えと比べながら、日本の心を言葉にまとめる」(12 時間配当) →「情報の収集、整理・分析、まとめ・表現〜①箏を体験し、専門家の思いや願いに触れ、日本人が大切にしてきた心を追究する、②よさや価値について整理・分析する、③初めの考えと比べながら、日本の心を言葉にまとめる」(10 時間配当) の順に学習活動が展開されている 57)。

　この小単元では、剣道及び箏を題
材として取り上げ、それらの概要を
知るための調査学習や実体験、各々
の専門家の講話を通して、それらに
興味・関心を持たせ、それらに込め
られた「日本人の心」を理解し、児
童たちの実生活に生かさせようとし
ていることが分かる。

箏の授業

　この授業の結果、「剣道や箏の体験を通し、受け継がれてきたよさや、専門
家の思いや願いがあることに気付くことができた」58) ということが、児童の
変容としてあげられている。

　「日本人の心を味わおう③」(12 時間配当) では、「情報の収集、整理・分析、
まとめ・表現～①茶道を体験し、専門家の思いや願いに触れ、日本人が大切
にしてきた心を追究する、②よさや価値について整理・分析する、③初めの
考えと比べながら、日本の心を言葉にまとめる」(10 時間配当) →「まとめ・
表現～全ての体験から、自分なりに、日本の心をまとめ、話し合う」(2 時間
配当) の順に学習活動が展開されている 59)。

　この小単元では、主に茶道を題材として取り上げ、その概要を知るための
調査学習や実体験、専門家の講話を通して、興味・関心を持たせ、それに込
められた「日本人の心」を理解し、児童に自分自身の生き方について考えさ
せようとしていることが分かる。

　この授業の結果、「それぞれの体験を振り返ることで、日本人の心について
自分なりの考えをもち、自己の生き方について考えることができた」60) とい
うことが、児童の変容としてあげられている。

　「日本人の心を楽しもう」(14 時間配当) では、「課題の設定～『日本人らし
さを楽しもう』を課題に、さらに追究する計画を立てる」(2 時間配当) →「情
報の収集、整理・分析～①計画したことを追究し、体験を基に楽しむ内容を

考える、②情報について整理・分析する、③計画を立て、日本文化を楽しむ
ための計画を実践する」（9 時間配当）→「まとめ・表現〜日本人が大切にし
てきた心を日常生活で生かしていくための話し合いを行う」（3 時間配当）の
順に学習活動が展開されている[61]。

　この小単元は、5 学年の総合的な学習の時間の総括的単元として位置づけ
られる。これまでに学習してきた様々な伝統文化から感じ取った「日本人の
心」を基に、さらに一歩進んで、「日本人らしさ」を楽しむための方策に関す
る追究活動を行わせている。

　具体的には、インタビュー活動や俳句・茶会・箏の演奏会・カルタ大会な
どの計画立案や実施を通して、「日本人らしさ」を楽しむとはどういうことな
のかを、能動的に考察させようとしている。そのうえで、児童が考えた、「日
本人の心」や「日本人らしさ」を日常生活に生かすための方策を発表させる
ことによって、今後の実生活に活用させようとしていることも分かる。

　この授業の結果、「実践を通して、受け継がれてきた日本人の心のよさや価
値について考え、日本人としての誇りをもつことができた」[62] ということが、
児童の変容としてあげられており、大単元目標にある「日本人であることの
よさ・誇り」を理解・尊重する気持ちの育成やそれを基に「自己の生き方に
気付く」ことに成功しているということができよう。

(6)　6 学年

　6 学年の総合的な学習の時間では、大単元の「発信しよう日本を・受信し
よう世界を」の下に、小単元として、「外国文化を知ろう」、「世界の人々と触
れ合おう①」、「世界の人々と触れ合おう②」、「世界の輪を広げよう」の 4 単
元が設定されている[63]。

　大単元の目標は、「様々な体験的な活動や交流活動を通して、国際社会に生
きる一員として必要なことを学び、日本人としての誇りをもちながら、世界
の人々と共に生きていこうとすることができる」[64] ということがあげられて

いる。

　6学年では、諸外国や諸外国の文化及びそれらと日本及び日本文化との相違に関する調査学習、国際交流学級の児童や外国人留学生との交流活動、学校周辺地域での外国人への街頭インタビュー活動などを通して、外国文化受信の重要性ばかりでなく、日本文化を広く世界へ発信することの必要性についても理解させようとしている。

　この大単元は、本書の主題に直接的に係わっているため、第4節で詳細に検討するが、外国文化の受容とともに、日本文化を世界にもっと発信することの必要性を理解させようとしていることが分かる。

　評価規準は、「伝統文化・国際理解への関心・追究」としては、「外国にかかわる人の話や体験的な学習を通して、外国の文化に興味・関心をもち、外国文化や日本文化のよさや違いを探ることができる」[65]ということをあげている。

　「コミュニケーション能力」としては、「様々な相手とのかかわりを通し、相手の立場を尊重しながら自分の考えや意思を伝えたり、相手の思いを受け取ったりすることができる」[66]ということをあげている。

　「自己の生き方の気付き」としては、「日本や外国の文化に対する理解を深め、国際社会で異なる文化の人々と共に生きていこうとする姿勢を示すことができる」[67]ということをあげている。

　「外国文化を知ろう」（21時間配当）では、「課題の設定～学習計画を立てる」（2時間配当）→「情報の収集～①日本と外国の違いについて、学校生活の違いから考える、②グループで外国の文化について意見交換する、③興味・関心のある外国文化について調べる」（9時間配当）→「整理・分析、表現～①調べた外国の文化について紹介し、情報を整理する、②外国の文化と日本の文化を比べ、違いや共通点を話し合う」（10時間配当）の順に学習活動が展開されている[68]。

　この小単元では、諸外国や諸外国の文化に関する調査学習を通して、それ

らと日本の国情及び日本文化との相違や共通点について、興味を持たせるとともに、理解させようとしていることが分かる。つまり、これまでの日本文化に関する学習成果を基に、諸外国や諸外国の文化と比較・対照をさせることによって、それらの特色について理解させようとしているのである。

　この授業の結果、「インタビュー活動など、直接外国の人と触れ合うことで、他国に対する興味・関心が高まり、受容する態度が深まった」[69] ということが、児童の変容としてあげられている。

　「世界中の人々と触れ合おう①」（15 時間配当）では、「課題の設定〜①日本人と外国人の違いについて話し合う、②日本人と外国人の違いについて疑問を追究する方法を考える」（3 時間配当）→「情報の収集、整理・分析〜①外国の人にインタビューをして情報収集をする、②青山国際教育学院との交流を図り、インタビュー活動や体験活動を通して、外国の文化に慣れ親しみ、外国の人の生き方について理解する」（12 時間配当）の順に学習活動が展開されている[70]。

　また、「世界の人々と触れ合おう②」（13 時間配当）では、「情報の収集、整理・分析〜世界で活躍する日本人（ゲストティーチャー）の話を聞き、その人の言葉から、国際社会を生きるために必要な要素を考える」（7 時間配当）→「まとめ・表現〜インタビュー活動や留学生とのかかわり、世界で活躍する人々の話を聞いて、これからの国際社会で生きるために必要な要素を考える」（6 時間配当）の順に学習活動が展開されている[71]。

　この二つの小単元では、日本と諸外国との相違点について、特に、人間に対象を絞って、学校周辺地域の街頭での外国人へのインタビューや留学生との交流活動などを通して、文化だけでなく、考え方や生き方の相違点についても理解させようとしていることが分かる。

　つまり、外国人と直接触れ合う体験を通して、日本人と彼らとの生活習慣や思考形式の違いを実感的に理解させることや、外国で活躍する日本人ゲストティーチャー（大手建設会社社員）の講話などを通して、「国際社会を生き抜

く」ための能力を身につけさせよう
としているのである。

外国人観光客へのインタビュー

　さらに、異文化交流の意義や楽し
さ、異文化交流を通して、我が国の
伝統文化を世界に発信することの重
要性についても理解させようとして
いる。

　この授業の結果、「世界の人々と触
れ合おう①」では、「留学生とのインタビュー活動や協同して体験活動を行う
ことで、コミュニケーション能力の高まりや、自己の生き方の気付きの深ま
りが見られた」72) ということが、「世界の人々と触れ合おう②」では、「討論
を重ねることで、今までの自分にない新しい考えに触れ、思考が広まった。
また、外国の人の考えを聞き、新たな課題設定ができた」73) ということが、
各々児童の変容としてあげられている。

　「世界の輪を広げよう」（13時間配当）では、「課題の設定～異文化の人と一
緒に活動するための計画を立てる」（2時間配当）→「情報の収集、整理・分
析～①異文化の人同士が一緒に活動するための方法を調べる、②大使館など、
身近にいる異文化の人々との交流を図る」（8時間配当）→「まとめ・表現～
異文化の人々との交流を振り返る」（3時間配当）の順に学習活動が展開され
ている74)。

　この小単元は、6学年の総合的な学習の時間の総括的単元であるばかりで
はなく、同校における特色ある教育実践の総仕上げの単元としても位置づけ
られる。このことは、授業の結果を受けての児童の変容として「外国に慣れ
親しんだ人や、外国の人などとのかかわりを通して、国際社会で異なる文化
の人々と共に生きていこうとする姿勢を育むことができた」75) ということが
あげられていることからも首肯される。

　6学年でのこれら一連の学習活動では、まず、諸外国の人々と共存してい

くための方策を、児童たち自身にこれまでの学習成果を基に考案させている。さらに、外国人との様々な交流活動体験を通して、異文化理解の重要性だけでなく、自国文化に誇りを持ち、異文化を背景とする人々に自国文化を理解してもらうことの必要性やその方策についても考察させている。

　最終的には、「国際理解教育」と「日本伝統文化活動」を車の両輪とした、６年間にも及ぶ学習成果を、児童たちが各自の実生活に生かしていくため、卒業後の自分の生き方や在り方について考察させている。

　このように、生活科や総合的な学習の時間を中心として、６年間を通して一貫した系統的指導が行われていることが、同校の実践研究の特色であるといえよう。

第４節　「同居型国際交流」による　日本文化発信力の育成

　本節では、全国的に見ても、他に例を見ない形態の国際理解教育を実践している神宮前小学校の実践事例について、詳細に検討していく。

1、「同居型国際交流」とは

　現在のところ、公立小学校の校舎内に外国人の子どもたちのインターナショナルスクールが「同居」するという実例は管見の限り存在しない。まず、このこと自体が、同校の国際理解教育の原点であり、他とは異なる特異性である。

　このことについて、川島前校長は「我々は、年に数回交流をしながら研究を進める学校ではない。毎日、細く長く共に生活をしていかなければならない。そういう意味では、まさに同居型国際理解教育かもしれない」76) と述べ

ており、「同居型国際理解教育」という言
葉は、川島前校長の命名によるものであ
る。

　神宮前小学校と神宮前国際交流学級と
いう、児童の国籍が全く異なる二つの学
校が同一校舎内に「同居」し、校庭や体
育館も共同利用するため、交流活動はご
く自然な形で、時程の調整から始められ
ていった。

国際交流学級の児童との語らい

　「良いところばかりを見る学習ではない。時には、文化・習慣の違いでおやっ
っと思う事もある。互いに本当の人間理解をしていかなければならないので
ある（中略）まず、始めたのが子供より教職員の交流である。教える側が本
当の意味で理解しあわなければ、子供にも浸透はできない。そして、子供同
士の交流が話し合われた。ごく自然な形で、時程の調整から始まった。『細く、
長く』を合い言葉に、休み時間を合わせ、遊ばせることから交流し始めた」[77]
と川島前校長が述べているように、まず、教職員同士の交流から始めていき、
その後、子ども同士の交流へと進んでいった。

　授業時間帯を調整して休み時間を合わせ、グラウンドや体育館で自然な形
で遊ばせることから始め、運動会、全校遠足、音楽会、学芸会などの諸行事

音楽会で合同合唱

運動会で演技する国際交流学級の児童

に参加してもらうことによって交流を深めていった[78]。

　川島前校長が語っているように、「年に数回交流しながら研究を進める学校」、即ち、単発型の国際交流活動を行っている学校は全国各地に数多く存在している。そのようなありきたりの国際交流ではなく、毎日、顔を合わせなければならない継続型の国際交流活動を同校は全国で唯一行っているのである。

　ある意味、恵まれた国際交流の環境にあると考えられなくもないが、「時には、文化・習慣の違いでおやっと思う事もある」とあるように、児童たち同士で文化摩擦を生じる可能性も大いに存在している。そのため、折角の環境が十分効果的に機能するように、川島前校長以下の教職員は細心の注意を払い、綿密な計画の下に、全国的に他に例を見ない国際交流が始まったのである。

　著者は、このような交流活動を、「同居型国際理解教育」という言葉に倣って、「同居型国際交流」と命名した。その意味するところは、継続的に日常生活を共にしながら行う国際交流ということである。単発型の国際交流では、意図的に自分たちの良い点を見せようとするため、一時的なセレモニー的交流に陥ってしまい、本当の意味での相互理解にまでは深まらないのである。

　だが、「同居型国際交流」では、日常生活を共にしているため、互いの真の姿が見えてくるのである。良い点や感心するところに気づく一方、悪い点や文化の違いに由来する驚くようなことも多々見えてくる。互いのありのままの姿が見えてくる国際交流なのであり、単発型の交流とはその深みが全く異なるのである。したがって、同校のように環境が整うならば、「同居型国際交流」こそが、国際社会で世界の人々と共存していく能力を育成するものであると確信するのである。

　表 3 は、2012（平成 24）年度の同校と国際交流学級との交流の概略記録である。

　平成 24 年度だけを見ても、交流日数は実に 70 日を超え、長期休業日を除

表 3　神宮前小学校と神宮前国際交流学級との交流記録（平成 24 年度）

日付	内　容
4 月 13 日	全校マラソン
4 月 18 日	特別活動〜神宮前小学校と国際交流学級の全学年で構成される縦割り班活動での話し合い①
4 月 19 日	1・2 年〜かけっこ・コースに沿って走る練習、スタートの仕方の練習を行う
4 月 20 日	全校マラソン
5 月 7 日	3・4 年〜合同運動会練習を開始 5・6 年〜運動会練習、リレー打ち合わせ
5 月 8 日	1・2 年〜 40m 走（コースに沿って走る練習）、玉入れ練習（玉入れの仕方を理解する） 5・6 年〜運動会練習、リレー高学年練習
5 月 9 日	3・4 年〜表現（花笠踊り）・団体競技（大玉タイフーン）・短距離走を合同で練習、花笠踊りでは花笠に使う花を一緒に作成 2 年〜野菜栽培、種まき、苗植え 運動会全体練習、リレー低学年練習
5 月 10 日	3・4 年〜花笠踊りの完成度を高めるために検定試験を設け、国際交流学級の教員と協力して、互いの児童を指導 5・6 年〜運動会練習、リレー高学年練習
5 月 11 日	全校マラソン 3・4 年〜花笠マスターカード（日本語・英語）を用意し、お互いの踊りの良さを認め合う機会とした、踊りの良さや改善点を指摘し合う
5 月 14 日	1・2 年〜表現運動（ちゃーびらさい）、ダンス練習①（1 番のダンスのふりを覚える） リレー低学年練習
5 月 15 日	1・2 年〜表現（ちゃーびらさい）、ダンス練習②（2 番のダンスのふりを覚える） 5・6 年〜運動会練習、リレー高学年練習
5 月 16 日	1・2 年〜表現（ちゃーびらさい）、ダンス練習③（四つ竹の装着の仕方を覚える、音楽に合わせて通して踊れるようにする） 5・6 年〜運動会全体練習、運動会練習、リレー低学年練習
5 月 17 日	3・4 年〜国際交流学級と神宮前小学校児童の 3 人グループを作り、一緒に上達するためにコミュニケーションを取り合う 1・2 年〜表現（ちゃーびらさい）、ダンス練習④（校庭で四つ竹をつけて

	練習） 5・6年〜運動会練習、リレー高学年練習
5月18日	3・4年〜大玉タイフーンのチーム内会議で、どのようにするとより早く棒を回すことができるか話し合い、チームワークを深める 1・2年〜表現（ちゃーびらさい）、ダンス練習⑤（音楽に合わせて通して踊る） リレー低学年練習 全校マラソン
5月21日	1・2年〜表現（ちゃーびらさい）、ダンス練習⑥（校庭の踊る場所を確認する）
5月22日	運動会全体練習、運動会練習5・6年 1・2年〜表現（ちゃーびらさい）、ダンス練習⑦（体育館で踊りの細かいところを確認する） 3・4年〜花笠マスターカード（日本語・英語）を用意し、お互いの踊りの良さを認め合う機会とした。踊りの良さや改善点を指摘し合った。
5月23日	1・2年〜表現（ちゃーびらさい）、ダンス練習⑧（校庭で最後の通し練習をする） 1年〜40m走の並び方、入場・退場の仕方、走り方の確認、ダンシング玉入れの通し練習
5月24日	運動会全体練習、運動会練習5・6年 3・4年〜花笠マスターカード（日本語・英語）を用意し、お互いの踊りの良さを認め合う機会とする、踊りの良さや改善点を指摘し合う
5月25日	1・2年〜運動会練習、表現・団体・個人種目のすべてを練習 3・4年〜運動会練習、表現・団体・個人種目のすべてを練習 5・6年〜運動会練習、表現・団体・個人種目のすべてを練習
5月26日	運動会〜全学年で交流
5月31日	特別活動〜神宮前小学校と国際交流学級の全学年で構成される縦割り班活動での話し合い②
6月1日	全校マラソン 6年〜「総合的な学習の時間」に、ケナン校長から「ラマダン」を中心とした、トルコ共和国の文化について話を聞く
6月8日	全校マラソン
6月13日	2年〜野菜栽培、観察・ゲーム交流
6月14日	特別活動〜神宮前小学校と国際交流学級の全学年で構成される縦割り班活動での全校遠足
6月15日	全校マラソン

6月20日	2年〜野菜栽培、収穫
6月22日	2年〜野菜栽培、ゲーム交流 全校マラソン
6月27日	1年〜生活科「なつだ　いっしょに　あそぼうよ」で水遊びをする、どのようにすれば長い時間水を飛ばすことができるのか、遠くまで飛ばすことができるのかを、グループごとに分かれて探す活動を行う、見つけた方法を共有し、活動の振り返りを行う 6年〜「総合的な学習の時間」で、街中で外国人にインタビューを行うため、国際交流学級の教員に日本語を英語に翻訳してもらい、発音のアクセント等のアドバイスをもらう
6月29日	1・2年〜水泳指導①（体操の場所の確認、バディーの練習、プールでのマナー・入水の仕方を知る） 全校マラソン
7月4日	1・2年〜水泳指導②（入水の仕方の確認、水遊び、水慣れ）
7月5日	6年〜ケナン校長と一緒に、表参道ヒルズで催されたトルコ共和国の芸術「エブル」を体験する
7月6日	全校マラソン 1・2年〜水泳指導③（入水の仕方の確認、水遊び、水慣れ、ふしうき・けのびの練習）
7月11日	6年〜校内研究授業で、国際社会を生きるための要素を考えていくためにケナン校長の考えを聞き、自分たちの考えとの隔たりを認識する
7月13日	全校マラソン 1・2年〜水泳指導④（着衣泳、入水の仕方の確認、ふしうき、けのび、ふしうきからバタ足練習）
7月18日	1・2年〜水泳指導⑤（入水の仕方の確認、検定を行う）
8月31日	全校マラソン 1・2年〜水泳指導⑥（水慣れ、ふしうき、けのび、ふしうきからバタ足の練習、級別練習）
9月5日	1・2年〜水泳指導⑦（水慣れ、検定を行う、プール納めを行う）
9月7日	全校マラソン
9月10日 〜 9月14日	1年〜20分休みや昼休みに一緒に鉄棒遊びを行う、逆上がりのやり方やその他の技のやり方を教え合う
9月11日	図工〜題材「こんにちわっぺん」神宮前小学校2年生と国際交流学級の1・2・3年生による交流授業

9 月 14 日	全校マラソン
9 月 19 日	図工〜題材「こんにちわっぺん」（研究授業の本時）、神宮前小学校 2 年生と国際交流学級の 1・2・3 年生による交流授業
9 月 21 日	全校マラソン
9 月 25 日	図工〜題材「こんにちわっぺん」神宮前小学校 2 年生と国際交流学級の 1・2・3 年生による交流授業
9 月 28 日	全校マラソン
10 月 11 日	特別活動〜神宮前小学校と国際交流学級の全学年で構成される縦割り班活動での話し合い（避難訓練あり）③
10 月 12 日	全校マラソン
10 月 19 日	全校マラソン 6 年〜ケナン校長とディスカッションを行い、国際社会を生きるために必要な要素をもう一度見直す
10 月 26 日	全校マラソン
11 月 2 日	全校マラソン
11 月 9 日	全校マラソン
11 月 14 日	2 年〜秋遊び交流 1 回目 4 年〜「総合的な学習の時間」で、「日本人の良さや足りないところ」を聞く際のインタビューの文面を考える
11 月 16 日	全校マラソン
11 月 28 日	2 年〜秋遊び交流　2 回目
11 月 30 日	特別活動〜神宮前小学校と国際交流学級の全学年で構成される縦割り班活動での地域清掃活動
12 月 4 日	特別活動〜神宮前小学校と国際交流学級の全学年で構成される縦割り班活動での話し合い④
12 月 7 日	全校マラソン
12 月 13 日	特別活動〜神宮前小学校と国際交流学級の全学年で構成される縦割り班活動での班ごとに出し物を出して遊ぶ行事の前日準備 2 年交流のまとめ（ありがとうカードを渡す）
12 月 14 日	全校マラソン 特別活動〜神宮前小学校と国際交流学級の全学年で構成される縦割り班活動での班ごとに出し物を出して遊ぶ行事
12 月 19 日	2 年〜外国のゲーム体験、交流

12 月 21 日	全校マラソン
1 月 11 日	全校マラソン
1 月 12 日	餅つき大会に参加
1 月 15 日	3・4 年〜雪遊び
1 月 16 日	3・4 年〜校庭で雪だるまを、国際の人にも声をかけて共同で作成
1 月 18 日	全校マラソン
1 月 25 日	全校マラソン 図工〜神宮前小学校と国際交流学級の全児童による展覧会の共同作品制作
2 月 1 日	全校マラソン
2 月 8 日	全校マラソン
2 月 8 日 〜 2 月 9 日	展覧会で国際交流学級の児童の作品を展示
2 月 22 日	全校マラソン
2 月 25 日	6 年〜ケナン校長とディスカッションを行い、国際社会を生きるために必要な要素をもう一度見直す
3 月 1 日	全校マラソン
3 月 8 日	全校マラソン
3 月 13 日	特別活動〜神宮前小学校と国際交流学級の全学年で構成される縦割り班活動での縦割り班別 6 年生を送る会
3 月 15 日	全校マラソン

(注) 神宮前小学校への現地調査（第 2 回目、2015 年 2 月）及び「平成 24 年度　国際交流学級との
　　かかわり」（渋谷区立神宮前小学校、2012）より作成。

　けば、1 年間のおよそ 4 分の 1 を占めている。同校の授業日数の約 4 分の 1
が国際交流に充てられていることは驚くべきことであり（全学年ではなく、特
定の学年だけの場合もあるが）、この状況からも「同居型国際交流」であること
は実証されるといえよう。
　そのうえ、交流が行われた教育活動領域を見ると、各教科、総合的な学習
の時間、学校行事、その他の課外活動など多岐に渡っていることが分かる。
　そこで、「同居型国際交流」の具体的実態を紹介するために、生活科、総合

的学習の時間、学校行事やその他の課外活動の3領域に区分して、詳細に検討していくことにする。

2、生活科での事例（平成26年度）

　前述のように、1～2学年では生活科、3～6学年では総合的な学習の時間を中心に特色ある実践研究を展開している。

　そこで、ここでは、まず、2学年の生活科を事例として、日本文化発信力育成の実態について検討していく。

　2学年の生活科では4単元を設定し、すべて国際交流学級との交流活動を中心に展開している。その中で、特に、日本文化理解教育の学習成果を基盤とした国際交流活動を行っているのが、「いっしょにあそぼう！　神小・国際交流学級 KIDS」という単元（15時間配当）である。

　この単元の目標は、「①日本に伝わる昔からの遊びや外国にある遊びについて、地域の人や国際交流学級の先生に教わったり、一緒に遊んだりする中で、それぞれの遊びのよさや、楽しさに気付きながらみんなで遊びを楽しむことができる、②日本や外国にある遊びについて興味・関心をもち、国際交流学級の友達と進んで交流することができる」[79]ということが掲げられている。

　この単元は、「遊び」という、両校の児童が興味を持ちやすい題材を通して、国際文化交流を図ることを意図していると捉えることができる。つまり、同校の児童が、我が国の伝統的な遊びを国際交流学級の児童に教えたり、国際交流学級の教員や児童から外国の遊びを教わったりすることにより、互いの交流を深めようとしているのである。「同居型国際交流」をより効果的に行うため、「遊び」という題材を選んだことは、実に適切であり、注目に値するといえよう。

　評価規準としては、「伝統文化・国際理解への関心・追究」としては、「①昔遊びについて関心をもっている、②進んで昔遊びで遊ぼうとしている、③

ゲストティーチャーと進んでかかわろうとしている、④遊び方を教えながら、互いに協力して遊ぼうとしている」80) ということをあげている。

「コミュニケーション能力」としては、「①昔遊びを教えてくれた地域の人に親しみや感謝の気持ちをもちながら伝える方法を考えることができる、②国際交流学級の友達のことを考えながら、一緒に遊ぶ昔遊びを決めたり教えるために必要なことを考えたりすることができる、③国際交流学級の友達と昔遊びを楽しむための工夫について、考えることができる、④国際交流学級の友達の話をよく聞いて外国の遊びを知り、楽しむことができる」81) ということをあげている。

「自己の生き方の気付き」としては、「①一緒に昔遊びをしたことを振り返り、地域の人とかかわることや昔遊びの楽しさに気付く、②昔遊びのよさに気付く、③交流を通して国際交流学級の友達や神宮前小学校の友達のよさ、自分自身が成長していることに気付く」82) ということをあげている。

この評価規準の中で、特に注目に値するのが、「コミュニケーション能力」としてあげられた3点である。まず、「②国際交流学級の友達のことを考えながら、一緒に遊ぶ昔遊びを決めたり教えるために必要なことを考えたりすることができる」、「③国際交流学級の友達と昔遊びを楽しむための工夫について、考えることができる」という2点は、多様な異文化を背景とした国際交流学級の児童に、我が国の伝統文化である昔遊びを教えたり、一緒に楽しむための能力についての規準である。この能力こそが、日本文化発信力の基礎力といえるのである。

同校の児童が、国際交流学級の児童に対して昔遊びを紹介し、一緒に遊ぶということが、結果的には、外国人の子どもたちに日本文化を発信することになっているのである。

また、「④国際交流学級の友達の話をよく聞いて外国の遊びを知り、楽しむことができる」という点は、外国の遊びという異文化を、同校の子どもたちが受容する能力についての規準である。この能力は、異文化受容力の基礎力

と捉えることができよう。

　このように、「遊び」という文化を通して、同校の児童に対して、日本文化発信力と異文化受容力の両方を育成しようと意図した単元であると捉えることができるのである。

　この授業の実施前に、2 学年を対象に実施した質問紙調査では、まだ、国際交流学級との交流経験が浅いこともあり、交流上の課題が浮かび上がっていた。

　例えば、同校が平成 26 年 4 月に実施した質問紙調査では、「国際交流学級の子供達のことはよく分からない」、「英語をしゃべっているイメージ」など、親密さを感じさせない回答が多く 83)、「同居型国際交流」が十分に成果をあげていない状況にあった。これを受け、交流をさらに深めるために計画されたのが本単元であった。

　特に、本単元では、昔遊びという、我が国の伝統文化を外国人の子どもたちに発信しなければならないため、同校の児童にとっても、昔遊びを通して日本文化を再認識するためには格好の機会であったといえよう。

　同校が平成 26 年 9 月に実施した質問紙調査では、昔遊びの経験者と未経験者とに二極分化していることが分かり、経験者についても、剣玉・こま・おはじき・あやとり・カルタに限定されていることが分かった 84)。つまり、昔遊びとはいってもごく一部のものしか体験していない状況にあったのである。

　このような状況を受け、本単元では、目標達成のため、2 段階構成の学習指導計画を立てている。

　まず、第 1 段階では、ゲストティーチャーとしての地域住民から多様な昔遊びを教えてもらい、実体験することで、昔遊びの伝統的価値や楽しさを理解させる学習活動を展開している。

　第 2 段階では、ある程度身につけた昔遊びの知識や遊び方を、国際交流学級の児童に教える学習活動を展開している。さらに、外国の遊びを教えてもらうことによって、両校の児童が互いに教えたり教えられたりする相互文化

交流も行わせている。

　つまり、第 1 段階は日本文化理解教育の段階であり、第 2 段階は日本文化の発信力育成及び相互文化交流の段階であると捉えることができる。

　表 4 は、平成 26 年度の学習指導計画である。

　この学習指導計画で見れば、「つかむ」が第 1 段階に該当し、「取り組む」及び「気付く」が第 2 段階に該当するといえよう。

　まず、「つかむ」（7 時間配当）の段階では、昔遊びの多様さに気づかせ、興味・関心を高めるために、あやとり・お手玉・こま・剣玉・手遊び・指遊び・松風こま・ゴム飛び・おはじき・めんこ・羽根つき・竹馬・花いちもんめ・かごめかごめ・福笑い・投扇興・坊主めくり・だるまおとしという、実に 18 種類もの昔遊びを体験させている 85)。

　さらに、その種類が多いばかりでなく、児童たちにとっては全く未体験の遊びばかりで、慣れるまでは時間がかかるものもあるため、実体験時間を十分確保し、繰り返し体験させている。特に、昔遊びに詳しい地域住民（高齢の方、同窓生が多い）から、遊び方を教えてもらうことによって、地域住民との交流も行うことになり、結果的には、学校所在地の神宮前地域に愛着の気持ちを持たせることにもつながっている。

　「取り組む」（4 時間配当）の段階は、昔遊びを国際交流学級の児童（Grade2 が 10 名、Grade3 が 10 名）に教える活動が中心をなしている。伝統文化というものは、世代を越えて伝承され、現在にまで残ってきているのであり、ここでは、地域住民から教えられた昔遊びを、外国人である国際交流学級の児童に教えるという、文化の伝承及び発信を行わせているのである。

　単に、国際交流学級の児童と一緒に昔遊びを楽しむのではなく、その前提として、国際交流学級の児童に昔遊びを教えるという活動が設定されている。この活動はまさに日本文化の発信活動であり、言語の壁を乗り越え、互いの表情やしぐさ、態度、ジェスチャーなどで教えなければならず、日本文化の発信ということの難しさを実感することになる。その難しさを克服して、自

表 4 「いっしょにあそぼう！　神小・国際交流学級 KIDS」学習指導計画（全 15 時間）平
成 26 年度

	○主な学習活動・予想される児童の姿	・指導上の留意点　☆評価 【　】評価の観点　（　）評価の方法
つかむ （7）	○自分が知っている昔遊びを想起する。 （1時間） ・放課後クラブでいつも剣玉をやっています。 ・外で遊ぶなら、どんな昔遊びがあるのかなと思いました。	・昔遊びについての興味・関心を高めるために、実際に体験できそうな遊びについては教室で行う。 ☆昔遊びについて関心をもっている。 【関・意①】（観察・発言）
	○自分が発表した昔遊びや友達が発表した昔遊びで実際に遊ぶ。（2時間） 〈コミュニケーション力の育成〉 ・なわとびはこれまでにやったことがあるから簡単にできます。 ・こまの紐の巻き方が知りたいです。 ・竹馬に乗りたいのに、後ろに倒れてしまうから、乗れませんでした。どうしたら倒れないのか、知りたいです。	・昔遊びについてさらに興味・関心をもたせるために、体験する場を設定する。 ・次時につなげるために、昔遊びの不思議さに気付かせるとともに、難しさについても気付かせる。 ☆進んで昔遊びで遊ぼうとしている。 【関・意②】（観察・ワークシート）
	○地域の人に教えてもらいながら、一緒に昔遊びで遊ぶ。（2時間） 〈コミュニケーション力の育成〉 ・投扇興という遊びを初めて知りました。 ・こまの紐は少し力を入れて巻けばよいことに気付きました。 ・足の親指に力を入れて竹馬に乗ったら、上手く乗れてうれしかったです。 ・○○さん（ゲストティーチャー）は優しく教えてくれました。 ・○○さん（ゲストティーチャー）はたくさんのことを知っていてすごいと思いました。	・神宮前地域に住む人々に愛着をもつことができるように、地域の人々をゲストティーチャーとして招く。 ・児童がゲストティーチャーに気軽に話しかけられるようにするために、小グループで活動する時間や場を設定する。あらかじめ、地域の人から教わりたいことを考える時間を確保する。 ☆ゲストティーチャーと進んでかかわろうとしている。 【関・意③】（観察・ワークシート） ☆一緒に昔遊びをしたことを振り返り、地域の人とかかわることや昔遊びの楽しさに気付く。 【気付①】（観察・ワークシート）
	○ゲストティーチャーに感謝の気持ちを伝える方法を考える。（1時間） ・一緒に遊べて楽しかったです。	・活動の様子の写真や映像、活動した際のワークシートを用意し、楽しかったことを思い出せるようにする。

	・優しく教えてもらったら、できなかったことができるようになりました。 ・感謝の気持ちを伝えるために、お礼の手紙を書きたいです。 ・表紙に写真を入れたいです。	☆昔遊びを教えてくれた地域の人に親しみや感謝の気持ちをもちながら伝える方法を考えることができる。 　　　　　　【思・表①】（観察・手紙）
	○昔遊びのよさについて考える。(1時間) ・おはじきはみんなでできる遊びです。 ・竹馬は練習するときに協力できそうだと思いました。 ・こまは、最初が難しいけれど、回せると楽しいことが分かりました。 ・剣玉は、持ち方にコツがあって、練習するとできるようになるよ。	・昔遊びのよさについて分かりやすくするために、技の種類・コツ・楽しさなど視点をもってまとめる。 ・昔遊びの魅力に気付くことができるよう、それぞれの昔遊びを体験して、感じたことや気付いたことを伝え合う場を設ける。 ☆昔遊びのよさに気付く。 　　　　【気付②】（発言・ワークシート）
取り組む（4）	○国際交流学級の友達と遊ぶ昔遊びを決め、教えるために必要なことを考える。（1時間） ・国際交流学級の友達が楽しくできる昔遊びは、どれかな。 ・私はあやとりを紹介したいです。簡単にできるし、難しい技ができるとうれしいからです。 ・見本を見せて説明しよう。 ・ゆっくり聞きやすい声で説明すると分かりやすいね。	・これまでの交流活動を振り返ることができるよう、仲良く活動したことが分かる写真などを用意する。 ・教え方のコツに気付くことができるような掲示物や資料を用意し、分かりやすく教えるための手だてについて考えやすい環境を整える。 ☆国際交流学級の友達のことを考えながら、一緒に遊ぶ昔遊びを決めたり教えるために必要なことを考えたりすることができる。 　　　　【思・表②】（観察・ワークシート）
	○国際交流学級の友達と昔遊びで遊ぶ準備をする。(1時間)　　**〈2-1 本時〉** ・こまの紐を巻いてから、渡してあげるとやりやすそうだね。 ・国際交流学級の友達に、○○さん（地域の人）が言ってくれたみたいに、「すごいね。」とか「上手だね。」と声をかけたら、喜んでくれそうだね。 ・やっぱり見本を見せると分かりやすいね。	・教えてもらう側の立場として、国際交流学級の教員などにグループに入ってもらい、国際交流学級の友達に教えているような体験ができるようにする。 ・教える側と教えてもらう側の役割を交代して、両方の立場を経験できるようにする。 ☆国際交流学級の友達と昔遊びを楽しむための工夫について、考えることができる。 　　　　【思・表③】（観察・ワークシート）
	○国際交流学級の友達と昔遊びを楽しむ。	・国際交流学級の友達と密にかかわるこ

（2時間）　　　　〈交流活動1回目〉 ・はじめはなかなか上手く伝えられなかったけれど、見本を見せたら分かってくれたのでうれしかったです。 ・竹馬で私が支えたら、上手く乗ることができたので、うれしかったです。 ・一緒に遊んでいたら「サンキュー。」と言ってくれたのでうれしかったです。頑張ってよかったです。	とができるよう、グループごとに活動できるようにする。・国際交流学級の友達の思いを受け止めて次の活動へ生かすことができるようにするため、活動の終わりにグループごとに感想を伝え合う時間を確保する。 ☆遊び方を教えながら、互いに協力して遊ぼうとしている。 【関・意④】（観察・ワークシート）
○国際交流学級の友達や先生から、外国の遊びを教えてもらい、遊びを楽しむ。 （2時間）　　　　〈2-2 本時〉 〈交流活動2回目〉〈交流活動3回目〉 ・外国の遊びも楽しかった。 ・その国によって、ジャンケンの仕方が違うことが分かりました。 ・○○くん（国際交流学級児童）が優しく教えてくれたのでうれしかったです。 ・また外国の遊びで遊びたいな。 ・外国の遊びと日本の遊びは似ているところがあったね。	・外国の遊びへの興味・関心を高めるため、国際交流学級の教員と役割分担して、授業を行う。 ・国際交流学級の友達に気軽に質問したり相談したりできるように、グループごとに活動する場を設定する。 ・児童のかかわりを多くし、関係を深めるためにグループごとに活動を行うことができるようにする。 ・外国の遊びの楽しさに触れるため、グループで体験する時間を設け、遊び方やルールを確認できるようにする。 ☆国際交流学級の友達の話をよく聞いて外国の遊びを知り、楽しむことができる。 【思・表④】（観察・ワークシート）
○活動を振り返る。（2時間） ・昔遊びはやってみると楽しかったから、これからもやっていきたいです。 ・外国の遊びと昔遊びの両方を体験できて楽しかったです。 ・遊びの紹介で上手に説明することができてうれしかったです。 ・外国にも日本と似ている遊びがあってびっくりしました。 ・また国際交流学級の友達と一緒に遊びたいです。	・活動を振り返りやすくするために、活動の様子の写真や映像、ワークシートなどを用意する。 ・活動内容を有効的に振り返ることができるようにするため、振り返りの視点を設ける。 ☆交流を通して、国際交流学級の友達や神宮前小学校の友達のよさ、自分自身が成長していることに気付く。 【気付③】（観察・ワークシート）

（左欄）気付く（4）

（注）「国際社会を生き抜く子供達の育成　研究発表指導案集」（渋谷区立神宮前小学校、2014、14〜16頁）より収載。

分の思いが相手に伝わったり、遊び方を教えることに成功した時の達成感は、他の学習活動では得られないものである。そして、このような達成感がさらに発展することが、日本文化発信の原動力につながっていくのである。

　「気付く」（4 時間配当）の段階では、双方向の国際交流活動として、国際交流学級の児童や教員から外国の遊びを教えてもらう活動が中心をなしている。外国の遊びとしては、フースボール・ホットポテト・カップス　ウイズ　アソング・バスケットボールの 4 種類が用意されている [86]。

　「取り組む」の段階で、日本文化を外国人の子どもたちに発信して学習活動を終らせるのではなく、この「気付く」の段階では、逆に外国の遊びという外国文化の受容にも興味・関心を抱かせようとしている。日本文化の発信力育成を重視しつつも、外国文化の受容活動も取り入れるという、大変バランスの取れた学習展開になっている。つまり、同校からの日本文化発信活動と国際交流学級からの外国文化発信活動の両方を行うことによって、双方とも、文化の発信活動及び受信活動の両方の体験をすることになり、このことが国際交流活動を深みのあるものにしている。

　　この単元の学習活動全体を通して見ると、目標達成の方策として「地域活用」、「体験的な活動」、「人とのかかわり」の 3 点を特に重視している [87]。

　　まず、「地域活用」としては、校舎内に「同居」する国際交流学級との交流及びゲストティーチャーとしての地域住民の活用があげられる。

　　国際交流学級との交流については、平成 26 年度の場合、2 学年の生活科の授業だけでも年間 20 回の交流活動を取り入れている。この単元だけで見ても、3 回（全 15 時間中の 4 時間）実施している。このように、継続的であり、なおかつ、交流回数が多いことが、「同居型国際交流」の特色の一端を物語っている。さらに、同校と国際交流学級の教員が協力して交流授業の教材研究に取り組んでいることも注目に値する。教員間の国際交流も進展しているのである。

　　また、同窓生を中心とした地域住民を昔遊びのゲストティーチャーとして招聘し、地域住民との交流や、その結果としての地域社会に対する愛着の念

を持たせようとしていることも注目できる。

　「体験的な活動」としては、昔遊びで遊ぶ活動と遊びを紹介し合う活動があげられる。2 学年という発達段階を考慮して、意図的に体験活動を重視していると考えられる。

　前者については、昔遊びの種類の多さや遊び方の奥深さを知ることによって、我が国の伝統文化の価値の一端に触れることになっている点が注目できる。

　後者については、国際交流学級の児童と互いの遊びを紹介し合う体験を通して、交流の深化をねらったものと考えられる。知識ではなく、互いに教え合う体験を通してこそ、相互理解は深まるのである。言葉は通じなくとも、ジェスチャーやアイコンタクトなどで自分の意思を外国人に伝える方法を身につけさせようとしている点は注目できる。

　「人とのかかわり」としては、国際交流学級の児童との関わりと地域住民との関わりがあげられる。両者とも、前掲の図 1 の研究全体構想図にある「心・人間理解」を具体的に方策化したものと捉えられる。外国人や地域住民など、様々な多くの人々と関わらせることによって、人間の価値観の多様性について理解させたり、自分を理解してもらうとともに、相手を尊重し、理解する能力の育成を図ろうとしているのである。

　表 5 は、平成 26 年 12 月 12 日に実施された公開授業の学習指導案である。

　この学習指導案は、本単元全 15 時間の中の 9 時間目の授業を、2 年 1 組で実施した時のものである。

　授業目標は、「国際交流学級の友達と昔遊びを楽しむための工夫について考えることができる」ということが掲げられており、表 4 の学習指導計画では「取り組む」の段階の 2 時間目に該当する（表 4 参照）。

　授業内容は、次時に備えて、これまで学習してきた昔遊びを国際交流学級の児童に教え、一緒に遊ぶための準備活動が中心をなしている。

　「導入」では、「国際交流学級の友達と昔遊びを楽しむための作業を考えよ

表5　第2学年1組　生活科　学習指導案

1　単元名　「いっしょにあそぼう！　神小・国際交流学級KIDS」
2　本時の授業（9時／15時間）
　(1)　目標
　　　　国際交流学級の友達と昔遊びを楽しむための工夫について考えることができる。
　(2)　授業の展開

	○主な学習活動・予想される児童の姿	・指導上の留意点　☆評価 【　】評価の観点　（　）評価の方法
導入	○これまでの活動を振り返る。 ・地域の人と一緒に昔遊びができて楽しかった。 ・国際交流学級の友達と遊ぶ昔遊びが決まったね。 ・国際交流学級の友達と仲良く遊べるといいな。 ○本時のめあてを確認する。	・前時に決めた国際交流学級の友達と一緒に遊ぶ昔遊びをグループごとに振り返る時間を設ける。
	国際交流学級の友達と昔遊びを楽しむための作戦を考えよう！	
展開	○前時で考えた作戦をグループの友達に伝える。 ・見本を見せる方法を考えました。 ・簡単な英語を使って、褒めようと思います。 ○グループごとに考えた作戦を実際の遊びの中で試す。（前半） ・一緒に遊びながら教えると分かりやすそうだ。 ・長い説明はいらないね。とにかく遊ぼう！ ○前半の実践で気付いたことを確認する。 ・実際にやって見せてあげると、日本語が分からない国際交流学級の友達も一緒に遊べそうだよ。 ・こまの紐を巻いてから、渡してあげるとやりやすそうだね。	・活動の時間を2つに区切り、国際交流学級の友達と一緒に活動するときに必要なことについて気付くことができるよう、教える側と教えてもらう側に分かれて実際に昔遊びを体験できるようにする。 ・教えてもらう側の立場として、国際交流学級の教員などにグループに入ってもらい、国際交流学級の友達に教えているような体験ができるようにする。 ・気付いたことを生かすことができるよう、前半の後に作戦確認タイムを取り、よりよい活動を行うことができるようにする。 ・やってみて分かったことや新しい発見

展開	○グループごとに考えた作戦を実際の遊びの中で試す。（後半） ・国際交流学級の友達に地域の人が言ってくれたみたいに「すごいね。」とか「上手だね！」と言ったら、喜んでくれそうだね。 ・やっぱり見本を見せると分かりやすいね。 ○遊びの中で試した作戦や見付けた作戦の中でおすすめの作戦を発表する。（全体） ・一緒に横でやってあげる作戦がよかったです。一緒にやれたら楽しいし、言葉で説明するよりも分かりやすいと思ったからです。 ・ほめほめ作戦がよかったです。いっぱい褒めてあげると、言っている自分達も気持ちがよいし、言われている方も楽しくなるからです。	・を付け加えるように、付箋を用意する。 ・教える側と教えてもらう側の役割を交代して、両方の立場を経験できるようにする。 ・作戦の内容だけでなく、やってみた感想やその作戦をおすすめに選んだ理由も発表するよう促す。 ・具体的なかかわり方や教え方が分かるように、動作化している発表を取り入れる。 ・各グループが考えた作戦を分かりやすく整理するため、「かかわり」と「遊び方のコツ」の視点に分けて板書する。
まとめ	○活動を振り返り、感想を書く。次時の活動を確認する。 ・今日の勉強でたくさん褒めてあげることが大切だと分かりました。教えてあげるのが楽しみになりました。 ・休み時間にもっともっと練習しておこうと思いました。	・次時の活動に生かすため、感じたことや考えた作戦について記入できるワークシートを用意する。 ☆国際交流学級の友達と昔遊びを楽しむための工夫について、考えることができる。 【思・表③】（観察・ワークシート）

(注)「国際社会を生き抜く子供達の育成　研究発表指導案集」（渋谷区立神宮前小学校、2014、17頁）より収載。

う！」ということをテーマに掲げている。そして、様々な「工夫」・「作戦」のアイディアを出しやすいよう、グループ学習を取り入れている。

「展開」で特に注目に値するのが、教える側と教えられる側との両方の模擬体験をさせている点である。この理由を「活動の時間を 2 つに区切り、国際交流学級の友達と一緒に活動するときに必要なことについて気付くことができるよう、教える側と教えてもらう側に分かれて実際に昔遊びを体験できる

ようにする」としており、相手に配
慮した交流活動を行わせるため、「教
えてもらう側」の体験も行わせてい
るのである。このため、「国際交流学
級の教員などにグループに入っても
らい、国際交流学級の友達に教えて
いるような体験ができるようにす
る」として、外国人の教員とともに

竹馬を一緒に体験

「教えてもらう側」の立場を事前に予測させようとしている。「教える側」の
準備活動だけでなく、「教えてもらう側」の準備活動も行わせることによって、
外国人にいかにして日本文化を伝えるのかという方策を考察させようとして
いる点が注目に値するのである。

　次の表6も、平成26年12月12日に実施された公開授業の学習指導案であ
る。

　この学習指導案は、本単元全15時間の中の12時間目の授業を、2年2組
で実施した時のものである。

　授業目標は、「国際交流学級の友達の話をよく聞いて、外国の遊びを知り、
楽しむことができる」ということが掲げられており、表4の学習指導計画で
は、「気付く」の段階の1時間目に該当する（表4参照）。

　授業内容は、国際交流学級の児童や
教員から、外国の遊びを教えてもらう
活動が中心をなしている、このため、
「導入」では、「外国の遊びを知ろう、
楽しもう！！」ということをテーマに
掲げている。

　「展開」では、A～Dの4班に両校の
児童をグループ分けし、4種類の遊び

こままわしを一緒に体験

表 6　第 2 学年 2 組　生活科　学習指導案

1　単元名　「いっしょにあそぼう！　神小・国際交流学級 KIDS」
2　本時の授業（12 時／ 15 時間）
　(1) 目標
　　　　国際交流学級の友達の話をよく聞いて、外国の遊びを知り、楽しむことができる。
　(2) 授業の展開

	○主な学習活動・予想される児童の姿	・指導上の留意点　☆評価 【 】評価の観点　（ ）評価の方法
導入	○今までの活動を振り返る。 ・○○君（国際交流学級児童）が竹馬に乗れるようになってうれしかった。 ・○○さん（神宮前小学校児童）が日本の遊びを優しく教えてくれたので、とても楽しかったです。 ○本時のめあてを確認する。	・今までの活動を振り返ることができるように、日本の昔遊びを国際交流学級の友達に伝えている様子の写真を掲示物として用意する。 ・振り返りについては、国際交流学級の友達が話せるよう、配慮する。
	外国の遊びを知ろう、楽しもう !!	
展開	○グループに分かれて、外国の遊びを紹介してもらって遊ぶ。 ・分かるまで説明してくれてうれしいな。 ・楽しそうに遊んでいる子もいるけど、困ったような顔をする子もいるよ。 ・各グループが紹介する外国の遊び A 班：フースボール B 班：ホットポテト C 班：カップス　ウィズ　ア　ソング D 班：バスケットボール ○外国の遊びのルールを理解して楽しむ方法を考える。（神宮前小学校児童） ・一緒にとにかくやってみよう。 ・ゲームの名前を聞き取って、だいたいの内容を予想しよう。 ・国際交流学級の友達の目を見て聞いたらなんとなく分かったよ。 ○分かりやすく伝える方法を考える。（国際交流学級児童） ・一緒にやってみよう。 ・ゆっくり話せば伝わるかもしれない。 ・「がんばれ」とか言ったら、きっともっと楽しんでくれるかもしれない。	・遊びの名前や発祥の国名について分かるような掲示物を用意する。 ・お互いの名前を呼び合うことができるようにネームプレートを用意する。 ・外国への興味・関心を高めることができるように、国旗などを教室に掲示しておく。 ・児童の安全のために、遊びを紹介する場所については配慮する。 ・たくさんの遊びを体験することができるように時間で区切る。 ・身振り手振りなどの言語を介さない交流を行わせるために、国際交流学級の友達には、日本語を使わずに外国語のみをつかって遊びを紹介させる。 ・交流活動が円滑に行われるよう、作戦タイムをとり、紹介の仕方や遊び方について再確認を行う機会を設ける。 ・作戦タイムでは、言葉が通じないときにどのようにしたら相手の言っていることが伝わるかについて考えさせ、す

	○グループの入れ替えを行い、外国の遊びを紹介してもらって遊ぶ。 ・遊びの呼び方は違うけれど、日本にも同じ遊びがあるね。 ・難しいな。コツを教えてほしいな。 ・優しく教えてくれてありがとう。	ぐに試すことによって試行錯誤させるようにする。
ま と め	○学習を振り返る。（ワークシート） ・英語が通じなくても、見本を見せたり、一緒に手を握ったりすると伝わることが分かりました。（国際交流学級児童） ・英語が分からなくても、やっているのを見たり、一緒にやったりすることで、何となく遊びが分かりました。 （神宮前小学校児童）	・活動への振り返りでは、英語で書かれているワークシートを用意する。 ・国際交流学級の教員から感想を話してもらい、子供達の頑張りに価値付けを行う。 ☆国際交流学級の友達の話をよく聞いて外国の遊びを知り、楽しむことができる。 【思・表④】（観察・ワークシート））

(注)「国際社会を生き抜く子供達の育成　研究発表指導案集」（渋谷区立神宮前小学校、2014、18頁）より収載。

を入れ替えながら、すべて体験させている。その際、同じグループ内で、国際交流学級の児童が同校の児童に遊び方を教え、一緒に遊ぶという活動が行われている。

　このグループ活動で特に注目されるのが、「身振り手振りなどの言葉を介さない交流を行わせるために、国際交流学級の友達には、日本語を使わずに外国語のみをつかって遊びを紹介させる」ということである。このような意図的活動によって、同校の児童には、言葉が通じない場合、どのようにして互いのコミュニケーションを取ることができるのかという方策を考察させている。この点も、日本文化を言葉の通じない相手（外国人）に発信するための様々な方策について考察させる観点から、注目に値するのである。

　表5及び表6に見られる学習活動は、本単元のごく一部を紹介したものである。日本文化を世界に向かって発信することの難しさやその方策、そして相手に伝わった時の達成感などを考察させる本単元の学習を通じて、同校の児童には着実に日本文化の発信力が身についているものと考える。

3、総合的な学習の時間での事例（平成 26 年度）

　3 ～ 6 学年では、総合的な学習の時間を中心に特色ある研究実践を展開しているが、ここでは、6 学年を事例として、日本文化発信力育成の実態について検討していく。

　6 学年の総合的な学習の時間では 4 単元を設定し、すべての単元で国際交流学級や外国人留学生、外国人観光客などとの交流活動を行っている。

　6 学年の大単元のテーマは「発信しよう日本を・受信しよう世界を」（62 時間配当）88) であり、四つの小単元のテーマは、「外国文化を知ろう」（21 時間配当）、「世界の人々と触れ合おう①」（15 時間配当）、「世界の人々と触れ合おう②」（13 時間配当）、「世界の輪を広げよう」（13 時間配当）である 89)（小単元ごとの目標や学習指導計画、児童の変容については、第 4 章第 3 節を参照）。

　大単元の目標は、「様々な体験的な活動や交流活動を通して、国際社会に生きる一員として必要なことを学び、日本人としての誇りをもちながら、世界の人々と共に生きていこうとすることができる」90) ということが掲げられている。

　この単元（大単元）では、そのテーマにもあるように、様々な外国人との交流活動を通して、異文化について理解するとともに、これまでの学習成果を基に、日本文化を外国人に発信する能力の育成を意図していると捉えることができる。

　日本文化理解教育として、3 学年では地域の調査活動、4 学年では江戸しぐさを通して伝統的な日本人の心を知る学習、5 学年では俳句・剣道・箏・茶道などの実体験を通して伝統文化に触れる学習を行っており、このような学習の成果として、日本文化に対する理解や興味・関心は非常に高まっていると考えられる。そしてこれらの学習成果を日本文化の発信という形で実践させるとともに、日本文化と対比させながら外国文化についても理解させよう

としているのである。つまり、同校の日本文化理解教育の集大成として、この「発信しよう日本を・受信しよう世界を」の単元が位置づけられると考えることができよう。

　評価規準（第4章第3節にあげた規準をさらに詳細にしたもの）は、「伝統文化・国際理解への関心・追究」としては、「①外国に慣れ親しんだ人や外国の人などとかかわりを通して、外国の文化や日本の文化のよさや違いを進んで調べたり、体験したりしようとしている、②体験的な学習を通して、外国の文化にあるよさや人の思いを感じ取り、それらを適切な方法で整理・分析し、まとめようとしている」91) ということをあげている。

　「コミュニケーション能力」としては、「①外国に慣れ親しんだ人や外国の人などと、相手に応じた方法や手段でかかわることができる、②体験的な学習を通して、自分の考えや意思を伝えるだけでなく、異なる意見や他者の考えを受け入れるなど、相手を理解したり、尊重したりすることができる」92) ということをあげている。

　「自己の生き方の気付き」としては、「①外国に慣れ親しんだ人や外国の人などとのかかわりを通して、自分（自国文化）に誇りをもったり、相手（他国文化）を尊重したりすることが大切であることに気付く、②日本や外国の文化に込められたよさや違いを意識しながら、身近な生活を送っていくことが大切であることに気付く」93) ということをあげている。

　この評価規準で特に注目されるのが、日本文化と外国文化（異文化）との対比を通して、互いの文化を尊重する気持ちを育成しようとしている点である。

　例えば、「外国に慣れ親しんだ人や外国の人などとのかかわりを通して、外国の文化や日本の文化のよさや違いを進んで調べたり、体験したりしようとしている」や「外国に慣れ親しんだ人や外国の人などとのかかわりを通して、自分（自国文化）に誇りをもったり、相手（他国文化）を尊重したりすることが大切であることに気付く」という個所がそれに該当する。外国人との交流活動や外国で働く日本人との交流活動を通して、外国文化の良さに触れるだ

けでなく、「外から見た日本文化の良さ」にも気づかせようとしている視点は重要である。独善的に日本人からの視点のみで日本文化に誇りを持たせるのではなく、外からの視点で日本文化の良さに改めて気づかせようとしている点は注目に値するのである。

　このように、本単元では、日本人としての誇りを持ちながらも、世界の様々な人々と共存していこうとする能力の育成を目指しているが、3段階の学習指導計画から構成されていると捉えられる。

　表7は、平成26年度の学習指導計画である。

　まず、第1段階に位置づけられるのが「外国文化を知ろう」（21時間配当）である。ここでは、日本文化から外国文化へと興味・関心を拡大するため、国際交流学級の児童や教員との間で、学校生活を中心とした文化や生活習慣の相違について討論を行わせたり、興味を持った外国文化やその背景について調査活動を通して考察させている。

　第2段階に位置づけられるのが、「世界の人々と触れ合おう①②」（①は15時間配当、②は13時間配当）である。

　前半部分の①では、交流する外国人の範囲を広げ、学校周辺地域の原宿や表参道に来訪する外国人に街頭インタビューを行わせたり、学校近隣に所在する青山国際教育学院で日本語を学ぶ外国人留学生を学校に招待して交流活動を行わせている。これら多様な外国人との交流活動を通して、外国との生活習慣や文化の相違について実感的に理解させるとともに、外国人から見た日本文化の美点を直接聞くことによって、日本文化を再認識させている。

　後半部分の②では、世界で活躍する日本人（大手建設会社社員）をゲストティーチャーとして招聘し、これか

日本と外国の文化の相違について討論

表 7　「発信しよう日本を・受信しよう世界を」学習指導計画（全 62 時間）平成 26 年度

			○主な学習活動 ・予想される児童の姿	・指導上の留意点　☆評価 【　】評価の観点　（　）評価の方法
外国文化を知ろう（21）	課題の設定	1	○今までの学習の振り返りをする。 ・3 年生のときは地域の人々の心についてアンケートをとったことがあったよね。 ・4 年生のときは「江戸しぐさ」をやったね。 ・「神小今しぐさ」を全校に発表したよ。 ・5 年生では日本人が大切にしてきた心「落ち着く心」「尊敬する心」を学んだ。	・様々な視点から、心にテーマを置いて考えてきたことを思い起こさせるために、今までにやってきた学習内容をできるだけ多く思い出させる。 ☆自分（自国文化）に誇りをもったり、相手（他国文化）を尊重したりすることが大切であることに気付く。 【気付①】（発言・ワークシート）
		1	○学習課題を立てる。 ・今まで日本を中心に話し合ってきたから、最後は世界の人々について学びたいな。 ○外国の人について自分なりのイメージを考える。 ・すぐには話しかけづらいな。 ・笑顔で話しかければ、笑顔を返してくれるよ。 ・なぜそのような行動なのか、自分達ではよく分からないこともある。	・日本について調べてきたことを思い起こさせ、外国に視野を広げさせる。 ・自分に身近なことから話し始め、関心や意欲を高める。 ・「どのように」「なぜ」という発問を通して、自分の意見に理由をつけて話すことができるようにする。 ☆自分達に必要な学習課題を立てようとしている。 【関・追①】（発言・観察）
	情報の収集	9	○日本と外国の違いについて、学校生活の違いから考える。 〈交流活動 1 ～ 5 回目〉 ・日本では通用することが、外国では通用しないことがあるよね。 ・外国ではいいとされることが、日本ではよくないと言われることもあるよ。 ○違いが生まれる理由について考える。	・国際交流学級の友達や先生、日本に住む外国の人々に日本と外国の違いについてきくことで、日本の文化について考えさせる。 ☆外国の文化と日本の文化の違いに興味をもつ。 【関・追①】（発言・観察・ワークシート）

> **外国には、どのような文化があるのだろう。**
> **また、どうして違いが生まれるのだろう。**

外国文化を知ろう（21）			○グループで外国の文化について意見交換する。 〈コミュニケーション力の育成〉 ・情報を集めるためには、インターネットや本などいろいろあるけど、全く知らない状態ではどの方法がいいかな。 ・やっぱり触れ合ってきくのが一番いいね。 ○興味・関心のある外国の文化について調べる。 〈探究的な活動〉	・興味をもったことをすぐに調べられるように世界に関連する本を学級文庫として用意する。 ・同じ視点で情報を共有したり、互いの考えを深めたりするため、興味・関心別グループとする。 ☆外国の文化について課題を明確にして、本やインターネット、インタビューを用いて調べている。 【関・追①】（発言・観察・ワークシート） ☆外国の人（国際交流学級の児童や教員）と、相手に応じた方法や手段でかかわることができる。 【コミュ①】（発言・観察）
	整理・分析　表現	10	○調べた外国の文化について紹介し、情報を整理する。 ・トルコには、ラマダンという断食の月があることを初めて知りました。 ・日本人と韓国人や中国人にはたくさんの違いがあったので驚きました。 ○外国の文化と日本の文化を比べ、違いや共通点を話し合う。 ・日本のまつりと外国のまつりは由来がどうやら違うようだ。面白そうだから調べてみたいな。 ・日本と外国の違いはなんだろう。	・多様な方法で整理・分析できるように、外国の資料や白地図、付箋紙などを用意する。 ☆調べた情報を分類したり、関連付けたりして観点毎に整理している。 【関・追②】（発言・観察・資料） ☆友達と協同的に作業を進め、相手を理解したり、尊重したりすることができる。 【コミュ②】（発言・観察） ☆日本の文化と比較しながら外国の文化を紹介することを通して、外国の文化にはそれぞれよさや特徴があることに気付く。 【生き方②】（発言・観察・ワークシート）
	課題の設定	3	○日本人と外国人の違いについて話し合う。 〈コミュニケーション力の育成〉 ・日本人も外国人も、思いやりの心があり、違いはないと思います。なぜなら、運動会のときに「大丈夫」と声をかけてくれたからです。 ・日本人と外国人、心は同じだけれ	・思考しやすいように、前時までの学習を整理した掲示物を用意する。 ☆外国の人の生き方や考え方に対する興味をもつ。 【関・追①】（観察・ワークシート） ☆外国に慣れ親しんだ人や外国の人と、相手に応じた方法や手段でかかわることができる。

		ども、習慣の違いがあるのではないかと思います。 ○日本人と外国人の違いについて疑問を追究する方法を考える。 ・5年生のときも伝統文化を体験して、日本人の心を理解しました。今回も、外国の伝統文化を体験して追究しよう。 ・表参道に来る外国人にインタビューをしてみよう。	【コミュ①】（発言・観察）
世界の人々と触れ合おう（28）	情報の収集　整理・分析	**様々な人々とのかかわりや体験を通して、国際社会を生きるために必要なことを考えよう。** ○外国の人へのインタビュー活動を通して情報収集をする。 　　　　〈探求的な活動〉 〈コミュニケーション力の育成〉 ・インタビューするときは、自己紹介や学習の目的を伝えよう。 ・英語で質問するのは大変だから、誰かに訳してもらってアンケート形式にしよう。 ・国際交流学級の友達に協力してもらおう。 ○調べた情報を整理し情報交換をする。 ・寿司は外国の人にも人気があることが分かりました。でも生の魚を食べる習慣がない国も多いと知りました。 ・直接外国の人と話すと、親切な人ばかりだと分かりました。	・生きた情報を得るために、街頭インタビューをさせる。 ☆外国人の生き方や考え方について課題を明確にし、進んで調べようとしている。 【関・追①】（観察・ワークシート） ☆外国の文化や習慣について情報を得るために、グループで協同してインタビューをすることができる。 【コミュ②】（発言・観察・ワークシート）
	6		
	6	○青山国際教育学院との交流を図り、インタビュー活動や体験活動を通して、外国の文化に慣れ親しみ、外国の人について理解する。 　　　〈交流活動6・7回目〉 〈コミュニケーション力の育成〉 ・青山国際教育学院の留学生ってど	・留学生とのかかわりをより深めるため、複数回交流する場を設定する。 ・より身近に留学生とかかわり、外国の文化に親しむため、少人数同士のグループ編制とする。 ・それぞれの文化のよさや違いを明

世界の人々と触れ合おう（28）			んな人達だろう。 ・自己紹介したり、話したり、相手のことを知ったりしたいな。 ・外国での生活や日本に来てとまどったことなど、パートナーのことが少しずつ分かってきた。 ○交流を通して分かったことや考えたことを発表する。	確にするため、表に分けて整理する。 ☆留学生とのかかわりを通して文化のよさや違いを調べようとしている。 　　　　　【関・追①】（観察・発言） ☆相手に応じた方法や手段でかかわることができる。 【コミュ②】（観察・発言・ワークシート）
	情報の収集　整理・分析	7	○世界で活躍する日本人（ゲストティーチャー）の話を聞き、その人の言葉から、国際社会を生きるために必要な大事な要素を考える。 〈6-1 本時〉 ・世界で活躍している人の話を聞いて、これからの国際社会で何が必要なのか分かってきた。 ・人のためを思って何か努力することを 3 年生のときに学びました。地域の人々は、表参道沿いに花を植える作業をずっとしています。これからの国際社会では、誰かを喜ばすことは大切だと思います。 ・日本人がルールをしっかりと守り、真面目であることを知りました。真面目にコツコツやる心も大切だと思います。 ・相手の心をそのまま理解しようとする思いが大事だということを知りました。	・自分達が考えてきた国際社会を生き抜くための要素は、実際役に立つのかどうか考えることができるように、ゲストティーチャーから、国際社会で生きるために大切なことや、現場で困っていること、大変なことなどを聞く。 ・話題について身近に考えることができるように、ゲストティーチャーと対話したり質問したりする場を設定する。 ☆世界で活躍する日本人の言葉から、国際社会を生きるために必要な要素を考えている。 【関・追①】（発言・ワークシート）
	まとめ・表現	6	○インタビュー活動や留学生とのかかわり、世界で活躍する人々の話を聞いて、これからの国際社会で生きるために必要な要素を考える。 〈コミュニケーション力の育成〉 ・建設会社の人は、世界の人々と一緒に働く楽しさがあると言っていました。何でも楽しもうとする気	・青山国際教育学院との交流で得た体験や世界で活躍する人の話を根拠に、自分達が国際社会で生きるために、必要だと思う要素を発表させる。 ・自分の考えを書き表し、自分の生き方に生かせるように考えさせる。

			持ちは大切だと思います。 ・留学生は、家族のために日本の企業で働いて恩返しがしたいと言っていました。誰かのために頑張る心は、とても大切だと思いました。 ・インタビューしたときに、日本人は伝統文化を守る気持ちがあると言っていました。僕は伝統文化を受け継ぐ気持ちをもっていたいです。 ・このような要素が本当に世界で通用するのか試してみたいです。	☆様々な場面で活躍する人々や留学生の話、インタビュー結果を根拠にして、これからの国際社会で生きるために必要な要素に気付く。 【気付①】（発表・資料・ワークシート）
	課題の設定	2	○異文化の人と一緒に活動するための計画を立てる。 ・他の国の学校の人とかかわれないかな。 ・大使館で他の国の学校のことをきいてみよう。	・自己の生き方に結び付けるために、身近な例や具体的な活動を考えさせる。 ☆外国に慣れ親しんだ人々の活躍に興味をもっている。 【関・追①】（発言・ワークシート）
世界の輪を広げよう（13）	情報の収集 整理・分析	8	<div align="center">**国際社会を生きるために必要なことを実践し、異文化の人々とかかわろう。**</div> ○異文化の人と一緒に活動するための方法を調べる。 <div align="center">〈探究的な活動〉</div>・インターネットや本だけではなく、やっぱり身近に外国の人がいるのだからきいてみよう。 ・私の家のそばにトルコ大使館があるから、他の国の学校の人とかかわることができないかな。 ・国際交流学級の校長先生は「トルコ共和国」出身だから大使館の人とかかわれるのかをきいてみよう。 ○大使館など、身近な異文化の人々との交流を図る。 <div align="center">〈交流活動8回目〉 〈コミュニケーション力の育成〉</div>・トルコの学校の友達とかかわることができないか、大使館の人々に	・自分達が考えた国際社会を生きるための要素が発揮できる場面を想定させる。 ☆異文化の人同士が一緒に活動している事例について進んで調べている。 【関・追①】（発言・ワークシート） ☆交流計画を立てるために、得た情報に応じて適切な整理や分析をしている。 【関・追②】（観察・発言・ワークシート） ・これまでの体験で学んだことを生かしていくため、ポートフォリオや写真などで振り返らせ、交流の仕方や接し方を考えさせる。 ☆外国に慣れ親しんだ人や外国の人などとのかかわりを通して、自分

情報の収集　整理・分析	8	聞いてみよう。 ・異文化の学校の人に日本のよさを伝えるために、これまでに学んだことを中心に、日本のよさをまとめていこう。	（自国文化）に誇りをもったり、相手（他国文化）を尊重したりすることが大切であることに気付く。 【コミュ①】（観察・発言・ワークシート） ☆相手を理解したり、尊重したりしたかかわり方を考えることができる。 【コミュ②】（観察・発言・ワークシート）
まとめ・表現	3	○異文化の人々との交流を振り返る。 ・いろいろな国の文化を知ることができてよかったです。 ・6年生で行った全ての活動を振り返ると、これからの社会では異文化の人をしっかりと理解する気持ちが大切であることを知りました。様々な場面で理解する気持ちを発揮していきたいです。 ・日本の文化のよさについて誇りがもてるようになりました。外国の人にインタビューをしたときに、より一層そのよさに気付きました。 ・世界で活躍する人のお話から、前向きにとらえることの大切さを知りました。 ・僕は将来、異文化の人にかかわる仕事をしてみたいと思います。	・これからの生き方や自分の課題について考えさせることで、交流や体験を生活に生かしていく。 ☆体験的な学習を通して、自分の考えや意思を伝えるだけではなく、異なる意見や他者の考えを受け入れるなど、相手を理解したり、尊重したりすることができる。 　　　　【コミュ②】（発言・観察） ☆日本や外国の文化に込められたよさや違いを意識しながら、身近な生活を送っていくことが大切であることを理解する。 【気付②】（観察・ワークシート）

（注）「国際社会を生き抜く子供達の育成　研究発表指導案集」（渋谷区立神宮前小学校、2014、48～52頁）より収載。

らの国際化社会を生きていくために必要な条件について話を聞かせている。

　さらに、これまでの外国人との交流や世界で活躍する日本人の講話から、「国際社会を生き抜く」ための条件とは何であるかを考察させ、発表させる活動を行わせている。

　第3段階に位置づけられるのが、「世界の輪を広げよう」（13時間配当）であ

表参道ヒルズ前で外国人へインタビュー　　外国の視察団を茶道でおもてなし

る。ここでは、これまでの 49 時間に及ぶ国際交流に係わる学習活動のまとめ
として、異文化との共存、即ち、世界の人々と共存していくための方策につ
いて考察させている。低学年から系統的・継続的に行われてきた日本文化理
解教育の学習成果を基に、さらに、多様な国際交流活動の実体験を重ねるこ
とによって、同校の児童ならではの方策を考案してくれることが期待できる。

　つまり、確固たる日本文化発信力を有しながら、世界の人々と共存してい
く日本人の在り方ということである。外国文化の受信のみに注力するのでは
なく、日本人としての誇りを持って日本文化を世界に発信しながらも、外国
文化の良さも認めることができるという資質が、同校の児童には必ずや育成
されているものと考える。このことは、児童各人にとっては、現在その不足
が問題視されている「自尊感情」や「自己肯定感」の育成にとっても資する
ところが大きいといえよう。

　全 62 時間にも及ぶ「発信しよう日本を・受信しよう世界を」の単元は、
このように、異文化への気付き→異文化の理解→異文化との共存という 3 段
階の学習指導計画から構成されているのである。

　この単元（大単元）の学習活動全体を通して見ると、目標達成の方策として、
「地域活用」、「体験的な活動」、「人とのかかわり」の 3 点を特に重視してい
る[94]。

　「地域活用」としては、学校周辺地域の外国人の活用ということがあげられ

る。外国文化を理解したり、日本文化の発信力を身につけるためには、外国人との交流機会を多く設けることが最善の学習方法である。このため、6 学年では交流相手の外国人を拡大しており、学校周辺地域（原宿や表参道）に来訪する外国人や学校近隣の青山国際教育学院の外国人留学生も交流相手に加えている。つまり、地域に来訪したり、地域で学ぶ外国人を交流相手とすることによって、地域活用を図っているのである。

「体験的な活動」としては、繰り返しの体験活動による文化交流学習ということがあげられる。5 学年までの話す・聞く・遊ぶといった交流活動をランクアップし、互いの文化の相違点などを実感的により深く学ぶため、体験活動を多く取り入れているのである。

「人とのかかわり」としては、多くの文化的背景を有する人々との交流機会を設定しているということがあげられる。このため、従来からの国際交流学級の児童・教職員に加えて、原宿や表参道に来訪する様々な国籍の外国人、さらに、世界各国から来日している留学生など、より多くの地域出身の外国人との交流の場を設定しているのである。また、外国人だけでなく、世界的に活躍している日本人技術者との交流によって、日本人の視点から世界の共存を考える機会も設定している。

表 8 は、平成 26 年 12 月 12 日に実施された公開授業の学習指導案である。

この学習指導案は、本単元（大単元）全 62 時間の中の 40 時間目の授業を、6 年 1 組で実施した時のものである。

授業目標は「世界で活躍している日本人の言葉から、国際社会を生きるために必要な大事な要素を考える」ということが掲げられており、表 7 の学習指導計画では「世界の人々と触れ合おう」の 16 時間目に該当する（表 7 参照）。

授業内容は、大手建設会社の社員として世界各地で仕事を行った経験を持つ人物をゲストティーチャーとして招聘し、講話や対談を通して、「国際社会を生き抜く」日本人としての条件とは何であるのかを理解させることが中心となっている。その際、単に感想を発表し合うのではなく、今後の自分たち

表8 第6学年1組 総合的な学習の時間 学習指導案

1 単元名 「発信しよう日本を・受信しよう世界を」
2 本時の授業 (40時／62時間)
  (1) 目標
      世界で活躍している日本人の言葉から、国際社会を生きるために必要な大事な要素を考える。
  (2) 授業の展開

	○主な学習活動・予想される児童の姿	・指導上の留意点 ☆評価 【 】評価の観点 （ ）評価の方法
導入	○前時までの学習を振り返る。	・前時までの学習を画像で振り返り、本時の学習につなげる。
	外国の人々と一緒に仕事や生活をしていく上で、大切なことを考えよう。	
展開	○外国の人々と一緒に仕事や生活をしていく上で、大切なことについて予想する。（グループごとの討論） ・その国の言葉を話せる力だと思う。留学生と話すときにやはり日本語を少し知っているから意思疎通ができたが、言語を知らないと何も分からないからです。 ・お互いの文化を理解しようとする気持ちだと思います。留学生と交流したときに初めは分からないことばかりだったけれど、お互いの文化を知るようになってより一層仲良くなれたからです。 ○世界で活躍している人の言葉を聞き、感想を話し合う。（全体） ・自分達で考えていたことと同じ部分があり、うれしかった。 ・そこで生活している人そのものを理解するには歴史や文化、気候など全て理解していかなければならないと思う。 ・国際社会を生きるためには、それほど幅広い視野をもっていなければならないことを初めて知った。	・話の根拠を意識させるために、ワークシートを工夫する。 ・同じテーマでグループごとに話し合うことで、互いの意見の相違点に気付き、考えを広げさせる。 ・自分達が話し合ったことを発表する場を設け、初めの自分達の考えとゲストティーチャーから話を伺った後でどのように考えが変わったのか比較できるようにする。 ・自分達が大切だと思っていることは、本当に大切なことなのかどうか考えることができるように、ゲストティーチャーに、国際社会で生きるために大切なことや、現場で困っていること、大変なことなどを話していただくようにする。 ・話題について身近に考えることができるよう、ゲストティーチャーと対話したり質問したりできるようにする。
	○ゲストティーチャーの話を聞いて得ることのできた新たな視点や確信を得る	・自分の予想と、ゲストティーチャーの話の後の考えを比べることができるよ

ま と め	ことができたことなど感想を書き、発表する。 ・今まで自分が気持ちを伝える力が必要だと思っていたが、相手の気持ちを受け入れる心と知って驚いた。 ・相手の国の文化を知ることがとても大切だと言っていたが、積極的にいろいろな文化を知りたいと思った。 ・これからオリンピックもあるので、まずは日本のよさをもっと広めていきたいなと思った。	うにワークシートを工夫する。 ・根拠となる言葉を書くように助言し、次時の活動に生かす。 ☆世界で活躍する日本人の言葉から、国際社会を生きるために必要な要素を考えている。 【関・追①】（発言・ワークシート）

（注）「国際社会を生き抜く子供達の育成　研究発表指導案集」（渋谷区立神宮前小学校、2014、53頁）より収載。

の学習や生活態度にも生かさせようとしており、「国際人」としての条件を実生活で具体的に実践させようとしている点は重要である。

　表 8 に見られる学習活動は、本単元（大単元）のごく一部ではあるが、ありふれた外国文化受信型の国際理解教育ではなく、常に日本文化と外国文化とを対比させつつ、積極的な日本文化発信型の国際理解教育も取り入れている点に、同校の実践研究の最大の特色が見られるのである。そして、このような国際理解教育によってこそ、真の「国際社会を生き抜く」能力や資質が身につくものと考える。

4、学校行事やその他の課外活動での事例

　国際交流学級の児童との交流活動を取り入れている主な学校行事としては、運動会（5 月末）、全校遠足（6 月）、音楽会（6 月）、水車祭り（9 月）、渋谷区民パレード参加（11 月）、もちつき大会（1 月）、展覧会（2 月）などがあげられる（表 3 を参照）。特に運動会については、準備・練習の段階から合同で行い、当日も短距離走や組体操・紅白玉入れ・子ども八木節・台風の目などの団体演技・競技は両校合同で行われている[95]。このため、同校の運動会は、さな

から「子供版世界陸上大会」の観を
呈している。

　また、夏季特別講座（夏季休業中の
10日間程度、我が国の伝統文化を地域住
民が講師となって教えている）に、参加
する国際交流学級の児童も年々増え
てきており、親子で参加することも
ある。

運動会も合同で実施

　この他、全校マラソン（毎週金曜日の朝に実施）や地域の清掃活動（原宿や表
参道一帯のごみ拾い）、避難訓練も合同で行っている（表3を参照）。

　このように、児童同士の交流が緊密さを増してくるのにつれて、両校の教
職員や保護者同士の交流も活発化してきている。特に、両校のPTAが主催す
る「神宮前まつり」や、地域・同校主催のソフトバレーボール大会も行われ
るようになり、両校の児童・教職員だけでなく、その家族や地域住民も取り
込んだ形での国際交流に拡大してきている。

注
1)『国際社会を生き抜く子供達の育成～伝統文化・国際理解の活動を通して～』
　渋谷区立神宮前小学校、2014、20～21頁。
2) 神宮前小学校への現地調査による。
3)「渋谷区職員措置請求及び監査結果(国際交流学級設立準備会に対する渋谷区行
　政財産使用許可に関する件)」渋谷区監査委員、2009。
4)「神宮前小　cafe」vol.1、渋谷区立神宮前小学校PTA、2009。
5) 同前。
6) 同前。
7)『国際社会を生き抜く子供達の育成～伝統文化・国際理解の活動を通して～』
　2014、2頁。
8) 同前、2頁。
9) 同前、2頁。

10) 同前、2 頁。
11) 同前、2 頁。
12) 『国際社会を生き抜く子供達の育成〜伝統文化・国際理解の活動を通して〜』
   2014、5 頁。
13) 同前、5 頁。
14) 同前、5 頁。
15) 同前、6 〜 7 頁。
16) 同前、6 頁。
17) 同前、6 頁。
18) 同前、6 頁。
19) 同前、6 頁。
20) 同前、7 頁。
21) 同前、7 頁。
22) 同前、7 頁。
23) 同前、7 頁。
24) 同前、8 〜 9 頁。
25) 同前、8 頁。
26) 同前、41 頁。
27) 同前、8 頁。
28) 同前、9 頁。
29) 同前、9 頁。
30) 同前、8 頁。
31) 同前、8 頁。
32) 同前、8 頁。
33) 同前、8 頁。
34) 同前、9 頁。
35) 同前、9 頁。
36) 同前、9 頁。
37) 同前、9 頁。
38) 同前、10 頁。
39) 同前、10 頁。
40) 同前、11 頁。
41) 同前、11 頁。

42) 同前、10 頁。

43) 同前、10 頁。

44) 同前、10 頁。

45) 同前、10 頁。

46) 同前、11 頁。

47) 同前、11 頁。

48) 同前、11 頁。

49) 同前、11 頁。

50) 同前、12 〜 13 頁。

51) 同前、12 頁。

52) 同前、12 頁。

53) 同前、13 頁。

54) 同前、13 頁。

55) 同前、12 頁。

56) 同前、12 頁。

57) 同前、12 頁。

58) 同前、12 頁。

59) 同前、13 頁。

60) 同前、13 頁。

61) 同前、13 頁。

62) 同前、13 頁。

63) 同前、14 〜 15 頁。

64) 同前、14 頁。

65) 同前、14 頁。

66) 同前、15 頁。

67) 同前、15 頁。

68) 同前、14 頁。

69) 同前、14 頁。

70) 同前、14 頁。

71) 同前、15 頁。

72) 同前、14 頁。

73) 同前、15 頁。

74) 同前、15 頁。

75）同前、15 頁。

76）川島信雄「新たな学校づくりを目指して―国際交流と日本伝統文化―」渋谷区
　　立神宮前小学校、2010。

77）川島信雄「特色ある学校づくりを目指して〜国際交流活動を通して〜」渋谷区
　　立神宮前小学校、2009。

78）同前。

79）「国際社会を生き抜く子供達の育成　研究発表指導案集」渋谷区立神宮前小学
　　校、2014、10 頁。

80）同前、10 頁。

81）同前、10 頁。

82）同前、10 頁。

83）同前、11 頁。

84）同前、11 頁。

85）同前、12 頁。

86）同前、12 頁。

87）同前、13 〜 14 頁。

88）『国際社会を生き抜く子供達の育成〜伝統文化・国際理解の活動を通して〜』
　　2014、14 頁。

89）同前、14 〜 15 頁。

90）同前、14 頁。

91）「国際社会を生き抜く子供達の育成　研究発表指導案集」46 頁。

92）同前、46 頁。

93）同前、46 頁。

94）同前、47 〜 48 頁。

95）神宮前小学校への現地調査による。

第5章
神宮前小学校における日本文化発信力育成の成果と意義

　本章では、神宮前小学校（以下、特別に事情のない限り、同校と略記）の実践研究によって、どのような成果があがったのか、特に、どのような日本文化発信力が育成されたのかを明らかにする。さらに、同校の日本文化発信力育成の教育の意義についても明らかにする。

第1節　日本文化理解教育の成果

　同校は、実践研究の総括的成果として、①「伝統料理、伝承遊び、地域民話、江戸しぐさ、芸能・武道、日本の文化遺産、国際交流学級との交流、等々の教材に、様々な手だてを通し触れることで子供達は地域や日本で大切にされてきたものを初めて体験し、驚いたり楽しんだりした。表情や発言、ワークシート等の記録から日本の伝統文化、国際理解に関する自己の考えを確実に深めていっていることが分かる」[1)]、②「日本の伝統文化のよさや豊かさに気付き、自分の育った地域や自国に誇りと愛着をもちアイデンティティーを築いていくことにつながっている」[2)]、③「伝統文化を大切にする心は異文化を理解し大切にしようとする心、価値観の違いを確かめ合う心につながっていく」[3)] という3点をあげている。

　これら学校側があげる成果を検討すると、児童は3段階の成長を遂げていることが分かる。

　第1段階は、①に見られるように、様々な伝統文化を実体験することで、それらに対する理解を深める段階であると位置づけられる。即ち、我が国の伝統文化理解の段階である。

　続く第2段階は、②に見られるように、伝統文化の理解によって、それら

を生み出した我が国や地域に誇りと愛着の気持ちを持つ段階であると位置づけられる。即ち、日本人としてのアイデンティティ育成の段階である。

　最後の第 3 段階は、③に見られるように、我が国の伝統文化を尊重する気持ちが、異文化尊重の気持ちへとつながっていく段階であると位置づけられる。即ち、文化面での国際理解の段階であり、同校の研究テーマに掲げられた「国際社会を生き抜く」能力育成にまで高まった最終段階であると捉えることができよう。

　では、日本文化理解教育の実践の具体的成果としては、どのようなものがあげられるのだろうか。

　まず、第一に、伝統文化に対して、児童が興味・関心を抱くようになり、理解も深まったということがあげられよう。

　例えば、同校教員の感想では、「子供達は、地域や日本で大切にされてきたものを初めて体験し、驚いたり楽しんだりした。現代の家庭や社会では、こうした体験をする機会は減少している。意図的に国際理解、伝統文化活動を学習展開することで、子供達は確実に、日本の伝統や文化のよさを味わい、自己の考えを深めていることが、表情や発言、ワークシート等の記録から分かる。このような体験があって初めて自国の文化を理解し、尊重したり、異文化を受容したりし、よりよく共生していく素地が築かれる」[4] と述べられている。家庭環境や社会情勢の変化によって、現代の子どもたちにとっては、ほとんど未知の世界といえる伝統文化の体験学習を通して、当初は驚きや新鮮さといった表層的理解の段階であったものが、「日本の伝統や文化のよさを味わい、自己の考えを深めている」段階へと、理解度が高まっていったことが分かる。

　第二に、「日本人の心」とは何であるのかということを理解できるようになったことがあげられよう。

　同校教員の感想には、「自分達が実際に体験した活動から、共通する『日本人の心』を見つけていくといった、収集した情報を整理・分析する力が身に

付いた」⁵⁾、「具体的な日本伝統文化を体験する中で、その文化と日本人の心との共通していることを考えるようになった」⁶⁾ などとあり、単なる伝統文化理解だけでなく、それらの底流に共通した「日本人の心」を感じ取ることができるようになったことが語られている。

　このことは、児童の感想にも、「自然の恵みから作った大切なものを粗末に扱わないようにしたいです」⁷⁾、「日本は四季が豊かな国なので自然の変化に対して『感じる心』が強まったのかなと思いました」⁸⁾、「『しーん』と静かにして待つこと、礼儀正しさと合奏中にテンポを合わせる気遣いを学びました」⁹⁾、「まわりの人がよく聞いて合わせられるようにすることが大切だと気付き、いろいろな人に気遣う、優しい心があると思いました」¹⁰⁾、「なんでも焦らずにするために、落ち着くことを意識していきたいです。日本人が大切にしてきたことをすぐにできるものから少しずつ挑戦してみたいと思いました」¹¹⁾、「人にやさしく、楽しく接することを学びました。相手に丁寧にお茶を出すことは生活の中でとても大切なことだと思うからです。友達と遊んでいるときも心掛けたいです」¹²⁾ などとあり、各人様々であるが体験学習などを通して実感的に「日本人の心」を感じ取っていることが分かる。

　特に、「柔道について調べました。相手を思いやることや礼儀を大切にする心が大切だと気付きました。他のグループの発表を聞いて、茶道など他の武道・芸道も同じように、相手を思いやる気持ちや礼儀を大切にしていることに驚きました。」¹³⁾、「自分が調べた〇〇道の心と他の人が調べた〇〇道の心が似ていた。話し合いが進むにつれて、どの心にもみんな仲良く気持ちよく過ごそうという思いが込められているということに気づきました」¹⁴⁾、「どの武道や芸道でも思いやりや出会いを大切にして、お互い仲良くしようとする心があることに気付いた」¹⁵⁾、「相手にていねいに接することは、どの武道・芸道でも同じでした」¹⁶⁾、「お琴は精神統一や心をきれいにして演奏することを大切にしていた。他の茶道や柔道などとも同じ心があってびっくりしました」¹⁷⁾ という感想からは、伝統文化を貫く「日本人の心」の存在というもの

に児童が気づいていることが分かる。

　川島前校長は、「子供がつかんだ日本人の心」とは、感謝する心、相手を思いやる心、礼儀を大切にする心、自然を大切にする心、昔から受け継いできた文化を大切にする心などであるとしている 18)。

　第三に、児童の内面的変容が見られるようになったということがあげられよう。つまり、児童の精神的発達が促されるという成果があがったのである。

　教員の感想に、「他人事のように感じていた日本の伝統文化に興味・関心をもち、専門家と体験を共有することで自分と他者の気持ちの双方を理解していくことができた。児童の内面の心の変化や自分と他の人とのかかわりを深めていった感想をたくさん聞けるようになった」19)、「講師との出会いによって、緊張した雰囲気や新しい環境の中で、人間関係の理解や心構えをするようになった」20) とあることからも、このような児童の変容が分かるのである。

　第四に、児童や教師の様々な能力が向上したということがあげられよう。

　具体的には、①「問題解決に向けた探究的な活動を取り入れた学習」の成果、②「繰り返しの有用性」の成果、③「6 年間の中で意図的に取り入れる交流活動」の成果、④「多様な人と共生する力（コミュニケーション力）の向上」という成果、⑤「教師の変化」という成果があげられる 21)。

　①については、グループ学習やインタビュー活動などを通して、児童自らが課題を設定し、それらの課題解決に向けて、主体的に学習活動を展開できるようになったということである。

　このことは、昨今、授業改革の手法として盛んに叫ばれている、アクティブ・ラーニングにつながるものである。アクティブ・ラーニングとは、児童・生徒による能動的・主体的な学習活動の総称であり、教員の授業を一方的に受ける受動的学習ではなく、話し合ったり、調査内容などを発表したりすることによって、児童・生徒が活躍する場を取り入れた学習形態のことである。この観点から見ると、同校の教育実践は手法的には、まさに、アクティブ・ラーニングであると捉えられるのである。

　②と③については、同校では「人とのかかわり」を重視し、国際交流学級の児童や地域住民、学校所在地近隣に来訪した外国人、外国人留学生など様々な人々との係わりを、6年間の学習計画に発達段階を踏まえて系統的に取り入れている。さらに、その係わりも単発的なものではなく、同一対象と複数回の繰り返しの交流を行わせることによって、その対象についての理解を深めさせるだけでなく、コミュニケーション能力の向上や自己の生き方・在り方を内省させることにも成功しているのである。

　④については、外国人を含めた多様な人々と関わる機会を多く設定することによって、当然のことながら、コミュニケーション能力の向上が見られたのである。コミュニケーション能力の向上によって、言語や文化的背景が異なる外国人に対しても、抵抗なく自己表現ができるようになり、異文化理解力も深まり、結果的には「国際理解力」の基礎力が培われているのである。

　⑤については、全国的に見ても他に例のない特色ある教育実践を通して、カリキュラムマネジメント力や地域との交渉力などが高まっただけでなく、全校をあげて長期間一つの研究課題に取り組むことを通して、協働体制が一段と高まったということがあげられよう。

第2節　「同居型国際交流」の成果と
日本文化発信力の育成

1、「同居型国際交流」の成果

　同校の国際交流は、同じ校舎内に様々な国籍の外国人児童が同居し、日常的に交流を行う「同居型国際交流」であり、このこと自体が、全国的に見ても他に例を見ない事例といえよう。年に数回程度交流するような、ありふれ

表 1　2 年 1 組に対するアンケート調査結果（2010. 5. 17）

	よくする	ときどきする	あまりしない
あそんでますか	0	10	20
話してますか	1	10	19
あいさつしてますか	2	7	21
たすけたことはありますか	3	7	20

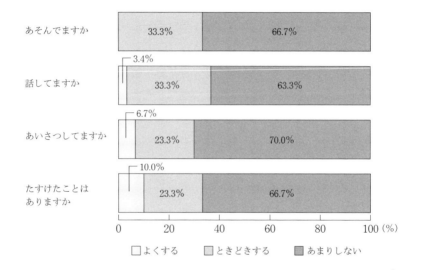

図 1　5 月 17 日のアンケート調査回答の割合

た「単発型」の国際交流ではなく、相手の長所や短所、生活習慣の違いなど
も日常的に目に入ってきて、文化の相違を痛感させられることもあり、まさ
に、カルチャーショックが連続する日々を送っているのである。それだから
こそ、互いの文化やそれを背景とした様々な相違点を認め合う、真の人間理
解が求められる国際交流であるといえよう。

　2010（平成 22）年 5 月 17 日、同校 2 学年 1 組の児童に対して、神宮前国際
交流学級（以下、特別に事情のない限り、国際交流学級と略記）との交流に関する

アンケート調査を実施したが、その結果が表 1 及び図 1 である [22]。

　表 1 及び図 1 から分かるように、4 項目の問いに対する「あまりしない」という回答は、すべて 6 〜 7 割にまで達している。あいさつや会話といった日常の基本的交流さえも十分にできていない状況にあったことが分かる。このことは、アンケートの他項目の自由記述の回答結果からも分かる。例えば、「国際交流学級の人のことをどう思っていますか」との問に対する回答として、「なかよくしたい」が 10 名なのに対し、「何とも思ってない」も 8 名に達した [23]。

　これらのことから、同校の児童の中には、国際交流学級に関心がある者も存在する一方、全く無関心で交流がない者も少なからず存在したことが分かる。

　第 1 回目のアンケート調査後、様々な交流活動を実施し、同年 9 月 30 日、交流成果確認のため、同一クラスで第 2 回目のアンケート調査を実施した。その結果が、表 2 及び図 2 である [24]。

　表 2 及び図 2 から分かるように、「話してますか」、「あいさつしてますか」といった基本的交流に関する回答は、「よくする」・「ときどきする」の両方合わせて 7 割を超え、第 1 回目に比べて 2 倍以上に増えている。「遊んでますか」についても、「よくする」・「ときどきする」を合わせて、第 1 回目では 33.3%（「よくする」が 0%、「ときどきする」が 33.3%）であったものが、第 2 回目では 60.3%（「よくする」が 6.7%、「ときどきする」が 53.3%）と 2 倍近くにまで増えている。わずか 5 ヶ月間でのこの急上昇は明らかに交流の成果であると考えられる。

　このことは、第 2 回目のアンケート調査の他項目の自由記述の回答結果からも読み取れる。例えば、「国際交流学級の人のことをどう思っていますか」との問に対する回答では、「やさしくておもしろい」（3 名）、「友達だと思う」（2 名）、「英語を話せるようになって、いっしょにもっと遊びたい」（1 名）、「私は外国の友達があまりいないけど、国際交流があったから、友達になって

表2　2年1組に対するアンケート調査結果（2010.9.30）

	よくする	ときどきする	あまりしない
あそんでますか	2	16	12
話してますか	7	16	7
あいさつしてますか	7	16	7
たすけたことはありますか	1	10	19

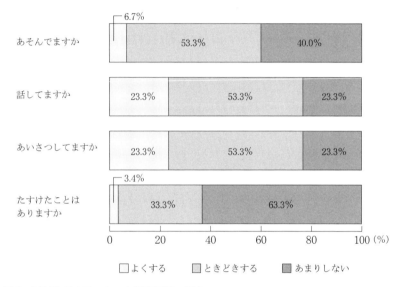

図2　9月30日のアンケート調査回答の割合

うれしい」（1名）など、交流を有意義に捉えたり、交流の成果を肯定的に捉えている回答が目立った[25]。

　言葉を中心にしなくとも（言語の壁は存在しても）、交流を重ねることによって、表情やしぐさ、態度などを通して、相手の気持ちを理解しようと努力し、お互いが分かり合おうとする気持ちが醸成されていったことが、2回分のアンケート調査結果から読み取ることができる。

　2年1組の交流授業を担当した担任教諭は、「交流の回数を重ねる毎に、『知

らない人』から『友達』へ、『仲良くなりたい』から『楽しい』へと気持ちの持ち方に変化がみられるようになった。また、パートナーの良いことばかりではなく嫌なところもみえるくらい交流が深まってきている」26) と述べ、互いの長所や短所が理解できる程度にまで交流が深まったことを指摘している。このことは、互いの長所しか見えない、あるいは、長所しか見せないといった「単発型」の交流では決して得られない成果であるといえよう。

　このアンケート調査結果は、国際交流学級に対する同校児童の気持ちの変化という、「同居型国際交流」の成果の一端を端的に物語っているといえよう。

　川島前校長は、「子供達は知らず知らずに国際理解とは何か、人間理解とは何かということを学んでいた。一つの行事を通して、他国の子供を理解し、同じ人間として理解していくことの大切さを学んでいた(中略)これぞ人権を尊重しあい、人を人として認めていく第一歩だったのかも知れない。ひょっとしたら世界平和の道がここに隠れているかも知れない。」27) と述べ、「同居型国際交流」は、人種や民族を越えた真の人間理解につながるものであると訴えている。

　また、国際交流学級のウル＝ケナン校長は、「私の印象は、様々なイベントを通じて、神小の子供たちには、『外国人が怖い』というイメージはまずないと思います。『外国人＝変な人』というより、『外国人＝友達、先生』というイメージを持っていて、身近に感じていると思います(中略)外国の子供がどういう風に遊ぶのかを覚えるので、いつの日か、大人になって外国にいくことがあっても、カルチャーショックが少ないと思います。『みんな同じ人間で、同じ遊びをする』というのが分かるでしょう」28) と述べており、「国際社会を生き抜く」ための基礎力が同校の児童には着実に培われていることを賞賛している。

　「同居型国際交流」については、渋谷区教育委員会も、「NPO法人国際交流学級が神宮前小学校で運営する国際交流学級により、神宮前小学校の児童が日ごろの学校生活で外国の子どもたちと自然な交流の機会を持つことができ

ることは、国際社会で活躍できる児童の育成を目指す区の教育重点施策に合致するとともに、神宮前小学校が進めている国際理解教育、日本伝統文化教育、英語教育の推進にも貢献し、教育上の意義が認められること。現に、神宮前小学校においては、神宮前国際交流学級との間でさまざまな事業を合同で行ったり、休み時間、放課後等にトルコ人の児童らと神宮前小学校の児童が一緒に遊ぶなどの交流をすることによって、神宮前小学校の児童の国際感覚の醸成、情操教育の充実が実現している」[29]と指摘し、その成果を高く評価している。ここでは、「同居型国際交流」によって、国際社会で活躍するために必要な資質・能力の育成や国際感覚の醸成がなされている点に特に着目しているのである。

2、日本文化発信力の育成

　では、このような「同居型国際交流」によって、どのような日本文化発信力が育成されているのであろうか。

　同校の教育実践では、教育課程やその他の活動を通して、系統的理解が図られるよう、周到な指導計画が立てられている。特に、言語は十分に通じなくとも、これまで学習してきた我が国の伝統文化を外国人に伝えるための工夫について考察させ、実際に活動させている点は重要である。つまり、言語を介さずとも、日本文化を外国人に発信する能力を育成しようとしているのである。

　具体的には、「本校の児童と国際交流学級の児童では、互いに使用する言語が異なるため、お互いの表情やしぐさ、態度といった言葉を介さない意思の疎通を大切にしたり、相手の立場に立って昔遊びを教える方法を考えたりする必要が出てくる（中略）自分の思いを相手に伝える難しさを経験することは、とてもよい経験となるはずである。どのようにしたら相手に自分の思いを伝えられるかをじっくり考えさせる時間を大切にし、国際交流学級の友達

に伝わったときの達成感や成就感を味わわせていきたい」[30] と同校の教諭が述べているように、言語を介さずとも、「表情やしぐさ、態度」によっても、日本文化の発信ができるということを実践している。さらに、このような形態で日本文化を発信することを通して、児童に達成感や成就感を味わわせ、日本文化を発信することの重要さについても理解させているのである。

　また、他の教諭の感想には、「むかし遊びのよさを人に伝える。それも言語を介さずに伝えなければならない。そのためには、その遊びに子供自身がどっぷりとつかって、楽しさを十分に知る必要がある」[31]、「むかし遊びの紹介のしかた、楽しさやおもしろさを伝えるための方法、言葉に頼らない説明のしかたなど、学級での協同を要することが多くあった」[32] とあって、外国人に日本文化を上手に伝えるためには、自分自身が日本文化を十分理解していなければならないことや、外国人に日本文化を上手に伝えるための方策を児童間で考案していったことも述べられている。

　つまり、日本文化を発信するためには、まず、発信する側（児童自身）が日本文化を十分に理解していることが前提であり、そのうえに、言語以外の発信の方策について考察させているのである。

　言語を介さずとも日本文化の発信は可能であること、そして、発信のためには、まず、自分自身が日本文化を十分理解し、実体験しておくこと。このような観点から日本文化発信力の育成に取り組んでいることが、同校の実践研究の特色といえよう。

　そして、日本文化を発信することによって、日本人としての自覚を促すとともに、児童自身に成就感を感じ取らせていることも注目できる。日本文化を外国人に紹介すれば、国際交流に貢献し、世界での日本の認知度上昇にも貢献するという観点からだけではなく、日本文化の発信は、児童自身の自己肯定感や自尊感情の育成にもつながるということを実証しているのである。

　同校の日本文化発信力育成の実践が成果をあげていることは、両校の児童の感想からもうかがい知ることができる。

　同校の児童の感想には、「国際交流学級の友達が『センキュー』といってくれてうれしかったです」33)、「竹馬を教えてあげるときには、僕たちが支えてあげればよいと思います」34)、「国際交流学級の友達に楽しんでもらえて、一生懸命準備をしてよかったと思いました」35)、「ジェスチャーで伝えたら、分かってくれてうれしかったです」36)、「みんなそれぞれ自国の文化を大切にしていることが分かりました。私自身ももっと日本の文化を知ろうと思いました」37)、「英語を知っているだけではうまく交流できないことが分かりました」38)、「国際社会を生き抜く要素に、お金よりも人（外国人）と接する対等な姿勢の方が大切だと思うようになりました」39)、「異文化の人同士で交流する姿をたくさん見てきました。みんなが相手の文化を尊重するとともに、自国の文化を大切にしていることが分かりました」40) などとあり、児童各人の様々な視点から意見が述べられているが、皆一様に日本文化を発信することの楽しさや重要さに気づき始めている。そのうえ、日本文化を発信することを通して、世界の文化も同様に尊重しなければならないことや、日本文化の良さを再確認したという意見も見られた。

　一方、国際交流学級の児童の感想には、「日本の友達に古くから伝わる日本の遊びを教えてもらってよかった」41)、「言葉が通じないながらも、しぐさで教えてくれたり、番号を振って指してくれたり、日本人の心を伝えてくれようとする心がすごく伝わった」42)、「優しく教えてくれて、みんなが気持ちよく生活していくためには、どのようなことに気を付けていけばよいかよく分かった」43) などとあり、日本文化の発信が精神的な面も含めて、十分に成功していることが分かる。

　国際交流学級の教員の感想にも、「運動会の練習や、学級活動などを通して神宮前小学校の子供達と過ごす時間が増えれば増えるほど、お互いの存在を近くに感じていました。また、国際交流学級の子どもたちの写真を見ては、『〇〇君と仲良くなれた』と声をかけてくることもありました。そして、日本語が苦手な児童が、自分の伝えたい言葉を日本語にして欲しいと私に頼んで

きたこともありました。しかし、次第にそのような頼みも少なくなり、休み時間などに、神宮前小学校の児童とコミュニケーションを取りながら一緒になって遊んでいます」44) とあり、国際交流学級の児童が積極的に日本語を覚える努力をしている様子が語られている。つまり、一緒に遊ぶことを通して、日本文化の一端としての日本語の発信が成功をおさめているのである。

　神宮前小学校における日本文化発信力育成の教育は、「同居型国際交流」という他に例を見ない好環境を背景として、以下の 5 点を中心に、十分な成果をあげていると考える。

　第一に、様々な日本文化を学習・実体験し、その確固たる基盤に立脚して、正確な日本文化を発信することができていることである。

　第二に、日本文化の発信を通して、自分たち日本人とは異なる言語や文化、価値観などを有する人々の存在に気づくとともに、たとえ言語は通じなくとも、様々な手段で意思を伝えたり、心を通わせたり、助け合うことができるということが理解できていることである。

　第三に、日本文化やそこに込められた「日本人の心」を発信する際、相手(国際交流学級の児童) の状況（日本語の能力や日本文化の理解度など）に合わせて配慮することを通して、国際交流の精神の原点に触れることができていることである。

　第四に、日本文化の発信活動を通して、外国文化とは異なる日本文化の特質を再認識できていることである。

　第五に、日本文化を言葉や文化的背景、生活習慣の全く異なる外国人に発信するという体験を通して、「自分でもやればできる」という自信を持つことができ、結果的には、児童自身の自己肯定感や自尊感情の育成につながっていることである。

3、神宮前小学校における日本文化発信力育成の意義

　神宮前小学校における日本文化発信力育成の意義として、次の2点をあげることができる。

　第一に、小学生という低年齢層の段階から、日本文化発信力の育成の教育を行い、成功をおさめているという実例を示していることである。

　山本美津子氏は、真の国際理解・国際協調のためには、今まで以上に日本人が自国文化を発信することの必要性を指摘し、学校教育の場で出来るだけ低い年齢層から日本文化の発信力を育成することの重要性を述べている[45]。この山本氏の指摘を実践し、成功をおさめているのが、同校の事例であると捉えることができる。日本文化発信力の育成を小学校低学年段階から行っている先駆的実践事例であり、全国の他の小学校のモデルケースとなりうる実践であるといえよう。

　第二に、確固たる基礎力に立脚した日本文化発信力の育成がなされているということである。同校では、日本文化の発信力を育成するための前提として、日本文化理解教育を入学以来、系統的・継続的に行っており、世界に向けて児童が発信すべき内容を、事前に体験的に学習させている。そのうえで、「同居型国際交流」などを通して、日本文化の発信力を育成しているのである。

　近年、その必要性が強く叫ばれている日本文化の発信や、現在の我が国の国際理解教育に一番欠如している「発信力」の育成という観点から見た時、同校の日本文化発信力育成の実践は大きな意義を有しているといえよう。「発信型国際理解教育」のモデルケースを全国に先駆けて、同校の事例は示しているといえるのである。

注

1) 『国際社会を生き抜く子供達の育成〜伝統文化、国際理解の活動を通して〜』渋谷区立神宮前小学校、2009、16頁。

2) 同前、16頁。

3) 同前、16頁。

4) 『研究紀要　国際社会を生き抜く子供達の育成〜国際理解、伝統文化の活動を通して〜』渋谷区立神宮前小学校、2009、68頁。

5) 神宮前小学校への現地調査による（教員への聞き取り調査）。

6) 『研究紀要　国際社会を生き抜く子供達の育成〜伝統文化、国際理解の活動を通して〜』渋谷区立神宮前小学校、2011、45頁。

7) 『国際社会を生き抜く子供達の育成〜伝統文化・国際理解の活動を通して〜』渋谷区立神宮前小学校、2014、12頁。

8) 同前、12頁。

9) 同前、13頁。

10) 同前、13頁。

11) 同前、13頁。

12) 同前、13頁。

13) 『研究紀要　国際社会を生き抜く子供達の育成〜国際理解、伝統文化の活動を通して〜』2009、46頁。

14) 同前、46頁。

15) 同前、46頁。

16) 同前、47頁。

17) 同前、47頁。

18) 川島信雄「新たな学校づくりを目指して─国際交流と日本伝統文化─」渋谷区立神宮前小学校、2010。

19) 『研究紀要　国際社会を生き抜く子供達の育成〜伝統文化、国際理解の活動を通して〜』2011、45頁。

20) 同前、45頁。

21) 『国際社会を生き抜く子供達の育成〜伝統文化・国際理解の活動を通して〜』2014、18〜19頁。

22) 神宮前小学校への現地調査による。

23) 同前。

24) 同前。

25）同前。

26）『研究紀要　国際社会を生き抜く子供達の育成〜伝統文化、国際理解の活動を通して〜』2011、21頁。

27）川島信雄「特色ある学校づくりを目指して〜国際交流活動を通して〜」渋谷区立神宮前小学校、2009。

28）「神小カフェ」Vol.3、渋谷区立神宮前小学校PTA、2008。

29）「渋谷区職員措置請求及び監査結果（NPO法人国際交流学級に対する渋谷区行政財産使用許可に関する件Ⅱ）」渋谷区監査委員、2012。

30）「国際社会を生き抜く子供達の育成　研究発表指導案集」渋谷区立神宮前小学校2014、12頁。

31）『研究紀要　国際社会を生き抜く子供達の育成〜伝統文化、国際理解の活動を通して〜』2011、22頁。

32）同前、22頁。

33）『国際社会を生き抜く子供達の育成〜伝統文化・国際理解の活動を通して〜』2014、6頁。

34）同前、7頁。

35）同前、7頁。

36）同前、7頁。

37）同前、14頁。

38）同前、14頁。

39）同前、15頁。

40）同前、15頁。

41）「東京都の国際理解教育」東京都教育委員会、2010。

42）国際交流学級への現地調査（児童へのインタビュー、著者が翻訳）による。

43）同前。

44）同前（教員へのインタビュー、著者が翻訳）。

45）山本美津子「自文化理解教育（日本の伝統・文化理解教育）のすすめ―国際理解の視点より―」（『比較文化研究』No.75、日本比較文化学会、2007）。

著者略歴

永添　祥多（ながそえ　しょうた）

1958（昭和33）年　山口県下関市生まれ
九州大学大学院人間環境学研究科発達・社会システム専攻教育学コース（教育社会史）博士後期課程修了、博士（教育学）九州大学
現在、近畿大学産業理工学部教授（教職課程担当）

著書
単著　『長州藩の教育戦略』九州大学出版会、2006
　　　『高等学校の日本文化理解教育』風間書房、2009
　　　『日本文化理解教育の目的と可能性―小・中学校の事例を中心として―』
　　　風間書房、2011
　　　『地域を創る日本文化理解教育―古都奈良の高校の挑戦―』風間書房、2013
共著　『改正教育法規と学校経営全課題』教育開発研究所、2009
　　　『近代日本の政治課題』法律文化社、2009
　　　『「伝統と文化」に関する教育課程の編成と授業実践』風間書房、2012
　　　『山口県史』通史編 近代、山口県、2016など

主要論文
「山口高等中学校予備門五学校の教育機能と成果」（『日本歴史』第646号、日本歴史学会、2002）、「明治後期～大正中期の中学校における外国人教師の役割」（『教育学研究』第69巻第4号、日本教育学会、2002）、「明治初年の士族に対する教育授産の特質」（『日本教育史研究』第22号、日本教育史研究会、2003）、「山口高等中学校予備門五学校の成立」（『日本の教育史学』第48集、教育史学会、2005）、「『チャレンジスクール』における日本文化理解教育―東京都立大江戸高等学校を事例として―」（『日本高校教育学会年報』第16号、日本高校教育学会、2009）など

日本文化発信力育成の教育
―首都東京の小学校の挑戦―

2016 年 5 月 31 日　初版第 1 刷発行

　　　　　　　　　　　　著　者　　永　添　祥　多

　　　　　　　　　　　　発行者　　風　間　敬　子

　　　　発行所　　株式会社　風　間　書　房

　　　〒 101-0051　東京都千代田区神田神保町 1-34
　　　　　　電話 03（3291）5729　FAX 03（3291）5757
　　　　　　　　　　振替 00110-5-1853

　　　　印刷　堀江制作・平河工業社　　製本　司製本

©2016　Shouta Nagasoe　　　　　　NDC分類：375.324
　　ISBN978-4-7599-2137-3　　Printed in Japan